厨房の哲学者

脇屋友詞

幻冬舎

厨房の哲学者

プロローグ

初めて中華鍋に触れたのは、忘れもしない十五の春だ。

一九七三年三月二十日。その日が誕生日の僕は、大田区立大森第八中学校三年二組のクラスメートの中でいちばん最後に十五歳になった。その日は卒業式でもあった。誕生日が卒業式で、その三日後には赤坂にあった『山王飯店《さんのうはんてん》』の厨房で働き始めた。

自分の意志ではない。

中学校の同級生で、就職するのは僕一人だった。高校に進学するクラスメートが羨ましくてたまらなかった。なんで僕だけ働かなきゃいけないんだ。

理由はわかっている。

親父だ。

脇屋《わきや》家では、親父が絶対だった。その親父が「友詞《ゆうじ》は中学校を卒業したら赤坂の中国料理店で働く」と決めた。何の説明もなく。本人に拒否権はなかった。

卒業式の三日後には、荷物が山王飯店の社員寮に送られた。布団に本など、僕の持ち物すべて。つまり僕は家を追い出された。

その山王飯店の厨房で、初めて中華鍋と出会った。

底がヘルメットのように丸く膨らんだ中華鍋が、異様に大きく見えた。実家の台所で目玉焼きを作ったり、オムレツを焼いたりした母の鉄製のフライパンとは似ても似つかぬ代物だった。

中国人の親方が、その大きな鍋を火にかけて猛烈な勢いで料理を作っていた。玉杓子も頑丈な鉄製で、カチャカチャとけたたましい音が厨房に響いている。完成した料理を玉杓子でさっと大皿に盛りつけると、今使ったばかりの中華鍋をコンロの横の台にガシャンと置く。台は一斗缶を切って作ってあった。反対側にも同じような台があって、そっちには洗った中華鍋が積んである。親方はそこから中華鍋をひとつ取り、次の料理を作り始める。一皿の料理を作るのに、中華鍋をひとつ使っているようだ。親方の右隣の台に、汚れた中華鍋がどんどん積み上がっていく。

親方の横についてその汚れた中華鍋を洗うのが僕の仕事だと、厨房を案内してくれた先輩が教えてくれた。先輩が手本を見せてくれた。

「こうやって洗うんだ」

先輩は中華鍋の底を流し台の隅に押しつけて固定すると、タワシで鍋の内側を勢いよく洗った。あっという間に内側を綺麗にすると、裏返しにして鍋の底を磨く。

「簡単だろ。やってみろ。鍋の底も磨くんだぞ」

中華鍋を流しに置き、渡されたタワシで擦った。グラグラして上手く洗えない。

「どこ見てたんだ。それじゃ力が入んないだろ。俺がやったみたいに、鍋を立てて流し台の隅に鍋底を押しつけて洗うんだ」

昨日まで中学生だった僕は、身長百六十八センチ、体重四十八キロ。身体はもやしのように細くて、手も小さかったから、中華鍋を持つだけで一苦労だった。

大きな中華鍋をぶら下げるように持ち上げ、先輩に教えられたように流し台のコーナーに丸い鍋底をあてがうところまではできても、いざ洗おうと右手にタワシを持つと、左手だけで中華鍋をしっかり固定するのが至難の業だった。

先輩のため息が聞こえた。

「初日だからな。しょうがないか。早くちゃんと洗えるようになれよ」

そう言って、先輩は僕からタワシを奪った。

「今日はそこでよく見てろ」

手際良く中華鍋の裏表の汚れを落とすと、横の台に重ねる。先輩の隣にも親方のと同じ一斗缶の台があって、洗い終えた中華鍋を重ねるようになっていた。

洗った鍋が何枚かたまると先輩はそれを抱えて、親方の左隣の台に重ねる。それから親方の右隣にたまった汚れた中華鍋を抱えて、洗い場に運ぶ。その間にも親方は次の料理を作り終え、中華鍋をガシャンと台に置く。もたもた洗っていたら、鍋は山のようにたまってしまうだろう。

「明日から、お前がこれやるんだからな」

洗う手を止めずに、先輩が後ろで見ている僕に声をかけた。

「ほら、ぼっと見てないで、親方のところに持ってけ」

洗い終えた中華鍋がすでに十枚近くたまっていた。先輩を真似して両手で抱えたが、持ち上げるのがやっとの重さだった。腕が震えた。

目の前が暗くなった、いろんな意味で。

厨房には中国人の親方たちの声が響いていた。

全部中国語だから、何と言っているかまったくわからない。

下働きはほとんど日本人だったが、誰もが親方の発する中国語を理解しているようだった。みんな親方の指示に従ってテキパキと動いていた。

先輩は中華鍋を洗い続けている。親方の左隣に積まれた中華鍋の山が、低くなっていく。簡単そうに中華鍋を洗って見せてくれた先輩が、今は必死で洗っていた。猛烈なスピードで洗わなきゃ親方についていけないのだ。朝から晩まであの調子で洗うとして、一日にいったいどれだけの数の中華鍋を洗うのだろう。

明日から、自分があれをやるのだ。

そう考えただけで、心の中が黒く塗りつぶされる気がした。

クラスメートはみんな春休みに入ったばかりだというのに。そして来月になれば真新しい制服を着て高校に入学するというのに。僕は先輩のお下がりの、油染みで真っ黒になった白い部分がどこにもない白衣を着て、朝から晩までここで鍋洗いだ。

両手で抱えた大量の中華鍋は、僕の未来にかかった黒雲だった。

あの日から、半世紀が過ぎた。

あそこで辞めてしまっていたら、自分の人生はどうなっていただろう。そのことをときどき考える。

黒雲みたいに見えた中華鍋こそ、僕の人生を切り拓く鍵だった。

何かに根気良く取り組む力、逆境に立ち向かう闘争心、あるいはユニークな発想や野心、そういう僕の中に潜んでいた能力とか、もしもあったとするなら僕の才能を引き出してくれたのが中国料理だった。

中華鍋に出会わなければ、僕はおそらく本当の自分と出会っていなかった。つまり自分の天職と巡り合うことはなかった。

そして何よりも、中国料理という驚くほど豊穣で、神秘的なほど奥行きのある料理の世界を知ることはなかった。

そのことを考えると、心の底からゾッとする。

中国料理を知らなかったら、僕はどんな人間になっていただろう。

中華の料理人は自分が望んだ職業ではない。そもそも中国料理だろうが日本料理だろうが、料理人になりたいと思ったことは一度もなかった。

他の何かになりたいという思いがあったわけでもないのだけれど……。

子どもの頃から、将来に大きな夢を持つ人がいるのは知っている。けれど僕はそういう子どもではなかった。なにしろ世の中にどんな職業や仕事があるのかも、よく知らなかった。自分の将来なるものを真剣に考えた記憶がない。

その日暮らしと言ったら言葉は悪いけれど、でも子どもの多くはそんなもんじゃないかとも思う。夢は何かと聞かれたら、何か適当に答えてみたりすることはあるだろうが、ひとつの夢をしっかり抱えて生きている子の方がむしろ稀なんじゃないか。

子どもの頃の僕は、未来のことも過去のことも考えず、ただその日を面白おかしく生きていた。学校にいるときも街をうろついているときも、野生動物が常に獲物を探すように、いつも何か面白いことを探していた。それが生きることのすべてであって、いつ来るかもわからない遠い将来の夢を心に思い描いたりしたことはない。

あのままだったら、どんな人生を歩んでいただろう。

つまり周りの友だちと同じように、あのまま普通に高校に入って、普通に就職していたら。果たして、こんな充実した人生を歩んでいただろうか。

それは親父の一存で決まったわけだけど、その父も中国の人と何かつながりがあったわけではない。第二次世界大戦中に中国大陸で戦ったことこそあったが、先祖に中国系の人がいたわけでもない。

僕が中華の料理人になる特別な理由はなかった。

親父には親父なりの理由というか、理屈があったらしいけれど、それについてはまた後で書く。ただ、僕に言わせればただの思いつきだ。

その思いつきが、僕の人生を決めてしまった。

今はそれで良かったと思っている。親父には感謝している。

けれどあの当時は、ちっともそんな風には思えなかった。

勝手に僕の人生を決めてしまった親父に、反抗こそしなかった（というかできなかった）けれど、心の中には疑問と不平が渦巻いていた。

それでもなんとか辞めずに続けていたら、五十年という歳月が流れていた。

そしていつの間にか、中国料理という異国の料理に夢中になっていた。

これから、その数奇な五十年間の話をしようと思う。


夢がなくても、心配することはない。

何かにがむしゃらに打ち込む間に、見えてくる夢というものは確かにある。

実はそういう夢の方が多いのではないか。

いや、そういう夢こそがほんとうの夢なのではないか。

その話がしたくて、この本を書き始めた。

目次

構成｜石川拓治

写真｜立木義浩
ヘアメイク｜千絵（HMC）

装丁｜細山田光宣 ＋ グスクマ・クリスチャン（細山田デザイン）

第1章

開かずの踏切

占いで未来がわかるなら、どうしてウチは貧乏なのか。

子どもの頃、自分の父親の職業を人に知られるのが嫌だった。

親父は易学者《えきがくしゃ》だった。

易者《えきしゃ》、占い師とも言う。

もっとも親父は通行人を相手に道端で占ったりすることはなかった。顧客から依頼を受けて、卦《け》を立てたり四柱推命《しちゅうすいめい》だの観相学《かんそうがく》だのの知識を駆使して、相談に乗るのが親父の仕事のやり方だった。

顧問弁護士と似ているかもしれない。ただし法律の知識ではなく、易学という古代中国の哲学に基づいて、仕事や人生における重要な判断の手助けをしていた。そういう仕事柄、顧客は財界とか芸能関係の人が多かったらしい。

らしいと書くのは、よく知らないからだ。

親父の仕事に興味がなかった。

親父が易学者と呼ばれていること。家には易学に関する難しそうな書籍が山のようにあること。その二つは事実として知っていたが、それ以外は知らない。知ろうとも思わなかった。

どうすればお金が儲かるかとか、いい仕事につけるかとか。きっとそういうことを親父は客のために占っていたのだろう。

だけど占いでそんなことがわかるなら、どうしてウチはこんなに貧乏なのか。他人に金儲けの方法を教えられるなら、なぜ親父は自分で儲けようとしないのか。

子どもにでもわかる理屈だ。

占いなんてインチキなのだ。

「易者は占いで儲けちゃいけない」と、親父は言っていた。

僕には言い訳にしか聞こえなかった。

親父がそんな胡散臭い仕事をしていることを、友だちに知られたくなかった。

それを親父に面と向かって言ったことはない。

僕の親父、脇屋芳雄《よしお》は大正五年、小樽の生まれだ。

生家《せいか》は旅館だったらしい。

日本が中国と戦争を始めると、出征して大陸で戦った。戦場で負傷して帰還し、その後は船会社に勤務して日本各地を回ったそうだ。戦後は北海道開発局の仕事をしていたという。何があったかは知らないが、その後、中村文聡《なかむらぶんそう》という東京の偉い占術家に弟子入りして易学者となる。易者で身を立ててからは、脇屋瑞穂《みずほ》と名乗った。

長男の僕が生まれたとき、親父は四十二歳だった。

母親の比呂代《ひろよ》は十八歳。

大正生まれの親父と、二回りも年下のお袋。ウチでは親父の意見が絶対だった。

仕事で何日か家を留守にすることがしばしばあったのだが、父が不在で母と子どもだけの家がなんともいえず穏やかで幸せだったことをよく憶えている。

怖い父親だった。親父がいるだけで家の空気が違った。

そんな親父に意見がましいことを言うなんて考えられなかった。ましてインチキだなんて言えるわけがない。言えるわけないが、心の中ではずっとそう思っていた。

僕は長男で、下に弟が二人と妹がいる。

親父は長男の僕を特別扱いした。

物心つくかつかないかの頃から僕だけ三畳の狭い一部屋を与えられた。

甘やかされたわけでも、大事にされたわけでもない。

自分で布団の上げ下げをして、部屋の掃除をして、さらに玄関の掃除をして、冬は暖房用の石炭を屋外の石炭置き場から運んで来なければ、学校に行かせてもらえなかった。軍隊式に厳しく躾けられたのだ。

もっとも躾けがどんなに厳しくても、品行方正な良い子に育つとは限らない。

小学生の頃の僕はひどい悪ガキだった。

親父に叩かれたり蹴られたりは日常茶飯だったが、今でも忘れられないほどこっぴどく殴られたことがある。

開かずの踏切北七条。

僕の家があった札幌市北七条西七丁目あたりでは、そう言っていた。

札幌駅のすぐ北側。今や駅前の一等地だが、当時は西部劇の開拓地みたいな埃っぽい土地に貸家が並ぶ地域だった。我が家も安普請《やすぶしん》の二階建てアパートの三畳と六畳の二間に台所という狭い家で、家族六人が暮らしていた。

アパートの目の前に公園があって、近所の人は「新しい公園」と呼んでいた。その向こうに、函館本線の線路が延々と続いていた。線路が札幌と北海道各地を結んでいたわけだけど、皮肉なことにその線路が駅の北口側と南口側を分断していた。踏切はあるにはあったが蒸気機関車や長い貨物列車がひっきりなしに通るので、一日の三分の二は遮断機が降りているなんて言われていた。筋金入りの開かずの踏切だ。

明治時代には、北七条が札幌の町の北の端だったそうだ。それより北は郊外で原生林が広がっていた。やがて鉄道の建設が始まり札幌駅ができるのだが、その鉄道が敷かれたのもこの北七条のラインだった。

町があったのは駅の南側だけだったから、札幌駅は南側にしか改札がなかった。北口駅舎ができるのは一九六三年のことだ。それまでは駅裏と呼ばれ、貨物列車の引き込み線と石炭の集積場だけがあるような場所だった。

僕が物心ついたのは、その札幌駅の北側の地域にも高度経済成長と目前に迫った札幌オリンピックの景気の波が押し寄せ始めた時期のことだ。日本はまだ貧乏だったけれど、町のあちこちに工事現場があって、道路が舗装されたり、新しいビルが建てられたり、大人たちはいつも忙しそうだった。

それから、学生たちも。札幌駅の北側の、最大の存在は北海道大学だった。キャンパスの面積は177万平方メートル。途轍もない広さだ。そんな広大な大学キャンパスが、札幌駅のすぐ北にある。それもかつてこのあたりが札幌の郊外で、太古からの原生林が広がっていたからだ。一九六〇年代から七〇年代の初めにかけて、その北海道大学でも学生運動の嵐が吹き荒れた。学生のデモ隊と警官隊が大学の構内や街中で衝突し、その騒動が連日のようにニュースになって報道されていた。

いい意味でも悪い意味でも、世の中に活気が漲《みなぎ》り、街は騒然としていた。日本はまだ若くて、社会は今よりずっと荒っぽかった。

子どもは大人や社会の鏡だという。

僕たち子どもは、今では考えられないくらいの悪ガキだった。騒然とした社会の片隅で、僕たちは大人の目を盗んでは、好き放題の悪戯に明け暮れた。

早い話が、たとえば大人には悩みの種だった函館本線の線路も、僕らにとってはまたとない遊び場だった。よくやったのは五寸釘潰しだ。やることは単純だ。そこらで拾ってきた五寸釘を線路の上に置いて、列車が通り過ぎるのを待つ。轢かれてすぐの釘は熱くなっている。火傷しないように気をつけて、まだ熱いペシャンコに潰れた五寸釘を回収し、コンクリートに擦りつけて研いで刃をつける。

潰し方と研ぎ方で、五寸釘はナイフにもなれば槍にもなった。尖らせて、篠竹《しのだけ》の先にくりつければ矢になる。竹を曲げて作った弓に五寸釘の矢をつがえ、木の電信柱を的に射て遊んでいたときのことだ。

「ユウちゃん！」

突然、妹の声がした。僕は反射的に声のする方を振り向いたのだが、それが間の悪いことに、弓につがえた矢を放そうとしていたまさに瞬間だった。振り向いた勢いで放たれた矢は妹を目指して真っ直ぐ飛び、五寸釘で作った鋭利な鏃《やじり》が妹のこめかみに命中し、血が噴き出して……。

その後のことはよく憶えていない。

はっきり憶えているのは、親父の革靴で殴られたことだ。頑丈な革靴の底、それもつま先側を握っていたから硬い靴底の踵《かかと》部分で、頭を何度も殴られた。ほんとに頭の形が変わるんじゃないかというくらい。

妹は僕によく懐《なつ》いていて、あのときも髪につけたリボンを僕に見せたくて、家から走って来たのだった。たぶんまだ小学生になっていなかった。妹のこめかみには半世紀以上も昔の、あのときの傷が今も残っている。

線路の悪戯で親父に殴られたことがあと一度ある。そのときは鉄道会社の人が家に来た。僕が線路に石を置くのを見たと言う。どうしてそんなことをしたのか憶えていない。というよりも本当に石を置いたのかどうか、自分でもよく憶えていない。釘を置いたのは確かだが、石を置いた記憶はなかった。けれど釘は置いたけど、石は置いてないなんて言える状況じゃなかった。そもそも、釘を置くのだって極めて危険な行為には違いない。

「ひとつ間違えば、脱線してた」

鉄道の人は烈火の如く怒っていた。

話を聞いた親父の怒りはそれ以上だった。

あのときも革靴の底で殴られた。情け容赦なく、何度も何度も。このまま死ぬまで殴られるんじゃないかと思った。

狼の群れは森で鹿を追いかける。僕らの縄張りは北海道大学だった。

学校から帰ると夕食の時間まで外で遊ぶのが決まりだった。

親父の作った決まりだ。

小学校から帰ると親父に「(日没を知らせる) 鐘が鳴るまで、外で遊んでこい」と言われる。宿題をする必要はない。家で勉強なんかしてもロクなことにはならない。子どもは外で遊んだ方がいい、というのが、親父の固い信念だった。信念に嘘はなかろうが、それだけでなく、たぶん子どもが家にいたらうるさくて仕事にならなかったのだ。出張で旅に出ているとき以外、親父は家で難しそうな本を読んでいた。

外で遊ぶのは望むところだが、腹が空いてかなわなかった。オヤツなんてものがウチにあったためしはない。さすがに不憫に思うのか、それとも速やかに家から追い出すためなのか、親父は時々小遣いをくれた。貰った十円玉一枚を大切に握りしめて駄菓子屋へ走るのだが、十円分の菓子など一瞬で食べ終えてしまう。だからいつもお腹を空かせていた。

戦後の食糧難の時代は少し前に過ぎていたけれど、日本の平均的な子どもの栄養事情は現在とは比べるべくもなかった。小学校の給食で出るのは脱脂粉乳だったし、子どもの栄養改善のためにサメの肝臓から精製した肝油が配られていた。コンビニなど影も形もなかったし、キャラメルやチョコレートは夢の国の食べ物だった。家にあるのはトウキビか干し芋かじゃがいも、あるいはせいぜいスルメのゲソくらいだったから、あの時代の子どもは、だいたいいつも飢えていた。

家の前の「新しい公園」で遊んでいると、似たような境遇の子が集まって自然に群れを作った。年齢に関係なく、小学校の低学年から六年生くらいまで。群れにはガキ大将がいた。小さい頃は、よく訳もわからないままガキ大将に従っていた。五年生から六年生で、僕がそのガキ大将になった。

僕の前の代のガキ大将が、次の大将候補を何人か集めて、夏祭りの夜にみんなの前で喧嘩をさせた。その喧嘩に勝ち抜いて、僕が大将になったのだ。

ガキ大将はどこに食べ物があるかを知ってなきゃいけなかった。正確には、どこに行きどうすれば食べ物が手に入るか。

動物の群れと同じだ。スズメは稲の実った水田に群がり、狼の群れは森で鹿を追いかける。僕らの縄張りは、北海道大学のキャンパスだった。

安普請の木造二階建てアパートの実家を出て、裏の砂利道を渡り小川を越えるとそこはもう大学構内で、見上げるとクラーク会館が聳《そび》えていた。そこで道を右に曲がって真っ直ぐ進み、北大の正門を出た先の川沿いに、北九条小学校はあった。朝夕そのルートで家と小学校を行き来した。北大は通学路で、だから僕の縄張りだった。

なにしろ構内が通学路だから、どこを歩こうが咎める大人はいない。大学の建物も全部ではなかったが、かなり自由に出入りができた。守衛所の前で頭を低くするとか柵をよじ登るとか、それなりのテクニックは必要としたけれど……。

悪戯が過ぎれば怒鳴られたりもしたが、それこそ蜘蛛の子を散らすように逃げてしまえば、それで終わりだった。

子どもの姿は、大人たちの目に入っていなかったのかもしれない。僕らは森の妖精みたいに、大学のキャンパスを自由に闊歩した。

ガキ大将になってからは、同い年や年下の子分を連れて、毎日のようにキャンパスを巡回した。他の子どもに出くわして、それが北九条小学校の生徒ならいいが、他の小学校の子どもなら持ち物検査をする。もしもセミやクワガタを持っていようものなら没収だ。セミもクワガタもカブトムシも、北大のキャンパスで採れる虫はすべて僕らのものだった。

キャンパスには野菜畑も果樹園もあった。牛や羊のいる牧場もあれば、豚や鶏も飼われていた。通称北大農場。研究用の農場だ。通りすがりにトマトや胡瓜をもいで食べたり、鶏舎に忍び込んで卵を頂いたり。鳩の巣から卵を取ったりもした。鶏の卵も鳩の卵も、焚き火で湯を沸かして茹で卵にして食べた。

毎年心待ちにしていたのはリンゴだ。

野菜や卵は喉を潤しすきっ腹を塞ぐのにいくつかくすねるくらいだから、大人たちも大目に見てくれていたのだろう。リンゴはそうはいかなかった。果樹園だけは大学の職員が目を光らせていて、僕らがリンゴの木に近づくたびに「これはお前たちの喰い物じゃない」と叱られて撃退された。

果樹園では、いろいろな品種のリンゴが栽培されていた。「偉い先生が研究をするために育てている大切なリンゴ」なのだそうだ。その品種によって、リンゴは熟す時期が違う。すべてのリンゴがいっせいに赤くなるわけではない。

僕は一計を案じた。

あの光景は今も目に焼き付いている。

夕陽に照らされた演習林《えんしゅうりん》の奥の赤く熟したリンゴの木を目指して、何人かの小学生が駆けていく。その後《あと》を大学の職員が追っている。子どもたちは歓声を上げて、演習林の奥へ奥へと走っていく。

僕はその様子を物陰からじっと見ている。職員が子どもたちを追いかけて遠くに引き離されたのを見極めて、一緒に隠れていた仲間に声をかける。

「今だ。身体を低くしろ」

果樹園の反対側にもう一ヶ所、リンゴが真っ赤に熟れている一画があった。木陰に身を隠しながら忍び寄り、手際良くリンゴを収穫し、準備してきた入れ物……、ランドセルだのカバンだの紙袋だのに詰める。詰めるだけ詰めたらすぐに撤収。囮《おとり》部隊は見つかるのが仕事だけれど、こっちは見つかるわけにはいかない。

集合場所は、僕の家の前の公園だった。

そこを「新しい公園」と呼んでいたのは、近くにあった「古い公園」と間違わないためだ。正式名称は知らない。ちなみに「古い公園」は偕楽園《かいらくえん》と言った。日本三名園のひとつ水戸の偕楽園にちなんで名づけられた、日本最初の都市公園だ。

その「古い公園」ではなく、家の前の「新しい公園」に戻り、真っ赤な戦利品を積み上げていると、囮になった仲間たちが戻って来る。仲間を二手に分け大人を果樹園の奥へ誘導させたのは、もちろん僕の計略だ。

みんなで山分けして齧ったリンゴの甘かったこと！

いや、全部が甘かったわけじゃない。紅玉《こうぎょく》は酸味が強かったし、十月の終わり頃に赤くなる小さな姫林檎は渋くて、不味かった。大学の農園のリンゴは研究が目的だから、甘くならないリンゴも栽培していたのだ。姫林檎の少し後に熟すデリシャスは甘味と酸味のバランスが良くて、このリンゴがいちばん好きだった。

そんな風にして、リンゴには品種があること、品種によって旬の時期や味の特徴が違うことを僕は知った。学校で椅子に座って勉強するのは苦手だったけど、地平線まで続いていそうなあのだだっ広いキャンパスで経験したことは、半世紀近くが過ぎた今も不思議なくらい鮮やかに記憶に残っている。

リンゴ園を大人が見張っているなら、囮を出して追わせればいい。やり方さえ考えれば、大人だって出し抜ける。方法はきっとある。不可能に思えたことも、知恵を使えば必ず可能にできた。

何もかもが遊びだったけれど、いやだからこそ、僕は学校にいるときよりもはるかに頭と身体を使って生きていた。だから毎日が面白くてしかたなかった。

と、言えば何やらいい話のようだけど、僕らが強奪したのは野菜や卵やリンゴばかりではない。あの手この手で建物に潜り込み、目についたものは手当たり次第に盗み出した。野盗みたいなものだ。

いちばんよく通ったのが、クラーク会館だ。
襲撃したと言った方が正しいかもしれない。

クラーク会館の隣に煉瓦造りの建物があって、長い階段があった。その階段を、僕らは「ヘビ階段」と呼んでいた。階段を登っていくと、その先にヘビだのトカゲだのの標本を陳列した部屋があったのだ。度胸試しにはもってこいで、「ヘビ階段」を登って部屋に入り、気味の悪い爬虫類の標本を見て戻った子は一人前と認められた。

そういう遊びにも好都合だったし、何も面白い悪戯が思い浮かばなくても、とりあえずクラーク会館に行きさえすれば何かがあった。

北海道人には説明するまでもないことだが、クラークとは北海道大学の前身である札幌農学校の初代教頭ウィリアム・スミス・クラーク博士。博士の功績を讃えて、北海道大学創基八十周年の記念に建てられたのがクラーク会館だった。

小学生の僕にそんな知識はなかった。クラーク博士が何者かもよく知らなかった。

ただ木造や煉瓦造りの校舎が多かったあの時代、真新しい鉄筋コンクリートのクラーク会館がなんだか素晴らしい場所に思えたのを憶えている。しかもクラーク会館には学生食堂が入っていたから僕らも出入りが自由で、食堂からはいつもいい匂いがしていた。そして奥の厨房は……天国だった。

休日の人のいない時間帯に厨房に忍び込み、冷凍庫を開けてバケツほどもある大きな容器に入った業務用アイスクリームを見つけたときのことは今も忘れない。あのときはみんなで食べても食べきれなくて家に持ち帰ったが、そんなものをどこで「貰った」のか親父に言い訳するのが大変だった。

マーちゃんの恐怖の濡れタオル。

親父は薄々気づいていたんじゃないかと思う。

学校から帰ってランドセルを家に放り投げた息子が、日が暮れるまでどこで何をして「遊んで」いるかを。子どもはだいたい悪戯をするものだったから。親父にもきっと身に覚えはあったはずだ。

僕の前の代のガキ大将はマーちゃんだった。夏祭りの夜に候補を集めてみんなの前で喧嘩をさせて、次のガキ大将を僕に決めたのがこのマーちゃんだった。

マーちゃんには三人の兄さんがいて、全員が歴代のガキ大将だった。僕の時代にはすでに中学生か高校生で、ということは小学生の僕からすれば立派な大人で、しかも三人とも評判の怖い人たちだった。そんな三人の兄さんを後ろ盾に持つマーちゃんはほとんど無敵の存在で、僕はそのマーちゃんからへビ階段をはじめ大学キャンパスのあちこちの荒らし方を教わった。

デモ隊と警官隊が衝突した翌朝早くにキャンパスに行くと面白いことがあるのを最初に教えてくれたのも、マーちゃんだった。窓やドアが壊されていて、いつもは入れない建物に忍び込めるのだ。今まで入れなかった建物に入れるというだけで胸がドキドキした。クラーク会館みたいに食料があるわけじゃないから、見つかるのはせいぜいノートとか筆記具くらいのものなんだけど、それでも宝物を見つけたみたいで嬉しくて、持ち出して秘密基地に隠しておいたものだ。

そんな風にして、さまざまな悪戯の種がマーちゃんから僕へと受け継がれ、さらに下の世代に伝わっていった。

マーちゃんは、親父のお気に入りでもあった。

マーちゃんは新聞配達をしていた。ウチにも配達していたのだが、子どもなのに偉いとしきりに感心して、よく家に上げて朝ご飯を食べさせていた。

そのせいで僕まで新聞配達をさせられた。小学五年生のときだ。

早起きして新聞を配るだけでも大変だが、とりわけ辛かったのは雪の降った日の翌朝だった。道は新雪で埋まっていた。まだ暗いうちに家を出て、新聞とチラシの重い束を肩に下げて、降り積もった雪を漕ぎながら受け持ちの家々を目指す。

何の音もしないシーンと静まり返った世界に、ギシギシと雪をかき分ける音だけが響く。配達が終わる頃には、指先が凍えて感覚がなくなっている。耳がちぎれそうに痛い。痛い思いをしながら、お湯をためた洗面器に手を浸して少しずつ温めて、ようやく指を動かすことができるようになる。

最初の給料でお袋に財布を、弟にグローブを買ってあげた。親父にも何かを買った気がするが、何を買ったかは忘れた。毎朝苦労して稼いだお金を自分の自由にできたのは、最初のひと月だけで、その後は全部父親に取られた。その中からほんのわずかの小遣いを貰った。

子ども心に、なんで自分だけこんな辛い思いをしなきゃいけないんだと思った。新聞配達をしている友だちなんて一人もいなかった。親父に言わせれば、マーちゃんを見習えってことなんだけど。

そのマーちゃんが近所のガキ大将で、僕にさまざまな悪戯の手口を教えていたことまで父が知っていたとは思えない。

もしもそういう悪戯のひとつでも親父に露見していたら、妹の顔に傷をつけたときと同じくらい激しく折檻されたに違いないから。

悪戯は子どもの追いかけっこの延長ではあるけれど、成長とともに急速にエスカレートしていく。近所の豆腐屋で火事があったときも、マーちゃんは焼け跡に僕を誘った。焼け残ったものの中に、何か価値のあるものがあるかもしれないから。

クラーク会館から運び出したのは、アイスクリームのバケツだけじゃない。募金箱だの、置き売りの新聞の代金を入れる箱を持ち出したこともある。道端に袋菓子を並べて売っている店があれば、リンゴ畑のときのように計略を練って……。

子どもの悪戯と笑ってすませられる段階を超えつつあったけれど、僕にはそれがわかっていなかった。記憶の底を探っても、罪悪感を感じた覚えがない。見つかったら叱られるのはわかっていたが、改心してやめようとは思わなかった。クラーク会館には、侵入を防ぐ柵が巡らされるようになった。悪さは露見していたわけだが、僕が知恵を絞ったのはその柵を越える方法だった。

身体が大きくなるにつれて、遊び場は広がっていった。キャンパス内で物足りなくなると、開かずの踏切を越え、賑やかな駅の南側にまで進出するようになった。繁華街には菓子屋もあればデパートもあった。

世界は広かった。ここが駄目でも、きっとどこか他にもっといい場所があるはずだ。ガキ大将として、群れを率いていく場所はいくらでもあった。

ここまできて、思い出したことがある。

僕の子ども時代……、いや悪童時代の終わりの話だ。

僕らが住んでいた駅の北側と南側を分ける開かずの踏切を渡った向こう側に、子ども時代最大の難関がそびえ立っていた。

Ｉ家の邸宅だ。鋼鉄の柵に囲まれた大きなお屋敷で、その柵の中に大きな黒い犬が放し飼いになっていた。ドーベルマンという犬だとマーちゃんが教えてくれた。軍用犬や警察犬に使われる獰猛な犬で、人間の子どもくらいなら簡単に嚙み殺してしまうらしい。

鉄柵の内側とはいえ、そんな犬が自由にうろついているＩ家の前を通り抜けるのは恐ろしくて、小学校の低学年の頃はとてもじゃないけど一人では駅の向こう側に行けなかった。正直言えば、高学年になってからもその道を通るのが怖くて、いつ吠えられるかと内心ビクビクしていた。そんな素振りは誰にも見せなかったけれど。

賑やかな駅の南側への道は、開かずの踏切とドーベルマンに塞がれていたのだ。

番長になった僕にマーちゃんが課した最後の試練が、そのドーベルマンのいるお屋敷だった。マーちゃんはどういうわけか、僕の恐怖心を見抜いていた。

「ユウジ、あの屋敷の池に鯉がいるの知ってるか」

Ｉ家の庭には大きな池があった。僕にはそんな勇気はなかったけれど、鉄柵越しに覗くと錦鯉が何匹も泳いでいるのが見えるらしい。

僕が曖昧に頷くと、マーちゃんがニヤリと笑った。

「今度の日曜、捕りに行くぞ」

大人がまだ寝ている休日の早朝、鉄柵のそばで落ち合った。マーちゃんに言われた通り、折り畳んだ段ボール箱を抱えて。

鉄柵の上端は矢のように尖っていた。だけどその矢の上に段ボールの板を三枚重ねて置けば、鉄柵を越えるのは「なんてことない」のだ。その言葉通り、マーちゃんは柵をよじ登って段ボールを柵の上にかけると、その上をやすやすと乗り越えて庭に飛び降りる。

「ユウジも来い」

無我夢中で後に続いて庭に降り、池にたどり着いたときには、マーちゃんはもう池の中にいて大きな緋鯉を捕まえていた。

「早く、早く！」

用意していたタオルでその鯉を包むと、僕に手渡す。

今にも後ろから飛びかかられるんじゃないかと怯えながら、全速力で鉄柵まで走った。どこかで警報のような音が鳴っていた。庭の向こうの方でドーベルマンが吠える声が聞こえた気がする。

鉄柵の向こうには連れて来た仲間が待っていた。僕はタオルごと思い切り鯉を放り投げる。追いついてきたマーちゃんと柵をよじ登り、通りに降り立ったときには、心臓が口から飛び出しそうだった。

後ろを振りかえったが、ドーベルマンの姿は見えなかった。

僕らはタオルに包んだ鯉を抱えて意気揚々と凱旋した。

鯉は川に逃がした。

悠々と泳ぎ去る緋鯉を、今も時々思い出す。


あのままだったら、僕はどんなことをしでかしていただろう。

僕が中学生になってからも、マーちゃんの庇護は続いた。

中学では野球部に入ったのだが、先輩の一人に目をつけられて何かというと因縁をつけられた。僕がガキ大将をやっていたのが気に入らなかったらしい。何かのときに、その話をマーちゃんにしてしまった。

「そいつを呼び出せ。俺が来ることは言うなよ」

呼び出した場所で待っていると、その先輩が薄ら笑いを浮かべて僕の方へ一直線に向かってきた。顔にこう書いてあった。後輩のくせに、先輩を呼び出すとはいい度胸だ。僕の胸ぐらをつかめる距離まで迫ったとき、マーちゃんがいきなり物陰から姿を現した。マーちゃんは右手にタオルをぶら下げていた。さっきまで水に浸していたらしく、ポタポタと水滴が落ちていた。

一方的な展開だった。マーちゃんは水を含んで重くなったタオルをまるでムチのように使って、その先輩の顔を打った。何度も何度も。ものの数分で勝負はついた。

それからは誰も僕に因縁をつけなくなった。

僕が具体的にどんな悪さをしているかまで親父は知らなかった。けれど薄々わかってはいたのだ。いずれにしても、このままではロクなことにならない。

昔の侍の時代も、元服前の子どもは罪に問われなかったと聞く。善悪をわきまえない子どもを罰しても意味はないからだ。

元服して大人の仲間入りをしたらそうはいかない。

僕もそろそろ元服の年齢にさしかかっていた。

今にして思えば、僕に新聞配達をさせたのだって、それをわからせようとしてのことだったかもしれない。

稼ぐのは簡単じゃない。だけど働けば、誰からも文句の出ない自分のお金を稼ぐことができる。親父はそのことを教えたかったのかもしれない。

中学生になると、親父が僕の将来について口にするようになった。

食の道に進め、と親父は言った。

「友詞には食神がついている。だから食の仕事をするのがいい」

最初は海軍のコックになれと言っていた。

「自衛隊に入れば食いっぱぐれはない。海軍のコックになれば、給料を貰って世界中旅しながら旨いものが食える」と。

自衛隊なら海上自衛隊のはずだが、旧帝国陸軍の親父の辞書では海軍だった。旨いものが腹いっぱい食えるという話には、気がそそられなくもなかったが、親父がそんなことを言い出したのは、口減らしのために決まっていた。しかも食神だのなんだのと占いを根拠にしている。信用できなかった。

僕はまったく乗り気じゃなかった。

幸いなことに、やがて海自のコックのことは言わなくなった。
また別のことを思いついたらしい。
家族全員で東京見物に行こうと言い出した。
僕が中学二年の夏休みのことだ。

Column 1

北海道と家族

洞爺湖にて。夏はキャンプが家族の恒例行事だった。左端が小学３年生の僕。この年はニジマスを釣ってフライにして食べた。

第2章

母と中華鍋

北風と太陽。

親父を北風とすれば、お袋は太陽だった。

母、比呂代は、北海道八雲町（当時）の落部という漁師町に、七人姉妹の五女として生まれた。幼くして両親と死に別れ、姉妹で肩を寄せ合い力を合わせて生きてきた。十代の頃は炭鉱で働いていたらしい。その頃から、持病を抱えるようになった。若くして無理をしたせいかもしれない。

けれどお袋は、家族にそういう苦労の跡を見せなかった。ほがらかで、おっとりとしていて、そこにいるだけで人の心を和ませる人だった。

伯母は、僕が母親似だと言う。

妹は僕をマザコンだと言う。

その言葉が当たっているかどうか、自分ではわからない。子どもの頃から母親のことが大好きだけれど、息子はだいたいそういうものだろう。それに僕なんかよりも母の方が、ずっと多くの愛情を僕にそそいでくれた。

札幌で野生の獣の仔のような少年時代を過ごした僕が、あのまま道を外れてしまわずに、人の世界に居場所を見出し、自分の生きる意味まで見出すことができたのも、お袋という人がいてくれたからだ。

親父には、まあ、別の意見があるかもしれない。


食の仕事に就けば人生が拓けると親父が言ったのは、四柱推命だかなんだかの占いで僕に食の神様がついていると出たかららしいが、たぶん理由はそれだけではない。

親父は食べるのが好きだった。

酒飲みで晩酌を欠かさなかったが、飲むときには食べるたちだから、お袋は乏しい家計をやりくりして毎晩親父のために酒の肴を用意した。もちろん子どもには回ってこない。お袋と僕と弟妹四人は一汁一菜、ご飯とおかずが一品の質素な食卓だったが、親父の前には酒の肴が何種類も並んだ。

お袋は料理上手で、酒肴はいつも旨そうだった。

たとえば冬にドンコが旬を迎えると、親父の膳にだけドンコの肝の煮物がのった。ドンコは安価な魚だったから、煮付けが僕らの膳に並ぶことはあったが、肝を食べられるのは親父だけだった。

僕はどうしてもその肝が食べたくて、親父に一口せがむのだが、親父の返事はいつも同じだった。「子どもが食べると禿げる」と言う。昔話じゃあるまいし、子どもが食べたら禿げるなんて食べ物がこの世にあるわけがない。我が子に懇願されたら食べさせるのが親だと思うのだが、親父にそういう情はなかった。まあ、戦前生まれの父親の態度としては、そう珍しいものではなかったかもしれない。

それはともかく、おかげで僕の食い意地が鍛えられた。

未知の食べ物に出会ったときの人の反応は二通りだ。つまり食べたいと思う人と食べたくないと思う人がいる。

僕は圧倒的に前者、つまりどんな味がするか好奇心を燃やすタイプで、それは間違いなく親父ゆずりの性分だ。

親父の方も、食欲旺盛な育ち盛りの息子から虎の子の酒肴を守るみみっちい攻防を続けながらも、長男が自分とよく似て食い意地が張っていることに気づいていたんだろう。しかも息子には、自分にはない才能もあるらしかった。

持病のせいで、お袋が時々寝込むことがあった。

そういうときは親父が台所に立った。男子厨房に入らずの大正男だったが、母に無理をさせることだけはしなかった。ただ、料理は下手だった。

即席ラーメンとか炒飯とか、父が作ってくれるのは簡単な料理ばかりだった。一所懸命に作ってくれたには違いないが、美味しかったためしがない。

そのせいで僕は親父が料理をしているところをよく観察するようになった。お袋と父親の料理はどう違うのか。使う材料は変わらないのだから、親父の料理が不味いのは料理の仕方に何か原因があるはずだ。

何度も見ているうちに、自分で料理してみたくなった。

「父さん、僕に作らせてくれない？」

小学生にして、生まれて初めて僕が作った料理は奇しくも炒飯だった。中国料理との縁はこの最初のときからあったらしい。

見よう見真似で、初めて作ったにもかかわらず、僕の炒飯の出来は良かった。それからは、僕が料理を作るようになった。

同じ炒飯を作るにしても、今日は胡瓜の古漬けがあるからちょっと入れてみようとか、何かしらアイデアが浮かぶのだ。そのアイデアが外れることはなかった。子どもの僕の方が、親父より料理を作るのが上手かった。

妹によれば、僕がいないときは親父がべちゃっとした炒飯だの茹ですぎたラーメンだのを作っていたらしい。僕がいるときは自分では決して作らなかったのに。一言も口に出さなかったが、親父は僕の料理の腕を認めていたのかもしれない。

それが僕の将来を決めることになるとは、夢にも思わなかった。

靴の踵で頭の形が変わるほど殴られたことは書いた。

今思い出したのだが、鉛筆削り器で殴られたこともあった。

叱られた原因は忘れた。とにかく僕が何かしでかして、親父に蹴り倒された。倒れたところをまた親父が蹴ってきたので、思わず蹴り返した。反抗したのは、そのときが初めてだった。

親父は逆上した。

「親に逆らうとは何事か！」

そこにあった鉛筆削り器をつかんで、殴りかかってきた。机に固定して使う金属製の大きくて重い鉛筆削り器だ。当たりどころが悪かったら死んでも不思議はない。あのときは確か頭を五針縫う怪我をした。

怖い親父だったが、僕の将来は案じてくれていたらしい。

ある日、東京に行こうと言い出した。

親父は時々東京に出張していたが、家族で東京に行くのは初めてだった。

それが中学二年の夏休みだった。

エビチリと白菜のクリーム煮。

東京のどこを見物して、どんな宿に泊まったかは、憶えていない。

親父に連れられて行った中国料理店だけが、脳裏に焼き付いている。

「ここだ」と親父が指差したのは、料理店とは思えない巨大な建物だった。まるで劇場か映画館だ。正面入り口の左右に一対の獅子の像が鎮座して、じっとこちらを見下ろしていた。

それが赤坂の『山王飯店』、東京で屈指の高級中国料理店だった。

入り口を入ると、右が宴会場、左がレストランの扉だった。見上げるような扉を開けると、竜宮城みたいな赤と金色の装飾が見渡す限り続いていた。

雲の上を歩くようなふわふわとした気持ちで大きな円卓についた。親父の目の前に真っ赤な表紙の分厚い菜単《ツアイタン》が、何かの宝物のようにうやうやしく置かれていた。

驚いたことに、親父はその菜単を無造作に取り上げると中を調べ始めた。上から下へと視線を走らせながら、ゆっくりと頁《ページ》をめくっていく。ぶつぶつと口の中で何かをつぶやきながら、時折愉快そうに頬を緩める。

好奇心に負けて横からそっと覗き込むと、細かい文字がぎっしりと並んでいた。親父が家でいつも読んでいる易学の本のように。書かれているのもたぶん同じ呪文の類なのだろう。ただし、これは美味しい呪文だ。

親父が店の人を呼んで呪文を唱えると、テーブルにご馳走が運ばれてきた。

生まれて初めて本格的な中国料理を食べた。

何を食べたか今も憶えている。

エビチリに酢豚に白菜のクリーム煮……。

食べながらこれは夢かと思った。

世の中にこんなにも美味しい料理があるとは知らなかった。

親父が僕に聞いた。

「どうだ、旨いか？」

僕は何度も頷いた。

親父が言った。

「よし、わかった」

何がわかった、というのだろう。

その瞬間、その日初めて嫌な予感がした。

夢中で料理を食べていると、スーツ姿の紳士がテーブルに近づいてきて親父と親しげに話を始めた。

紳士は丁《てい》さんという人で、『山王飯店』の専務だった。親父のお客さんなのだそうだ。易者として丁さんの相談に乗っているということだろう。

もっとも、その日相談があるのは親父の方だった。

「息子を料理人にしようと思うんですけど……」

「本気ですか？」

「ええ」

「本人がその気なら、もちろん引き受けますよ」

丁専務は真っ直ぐに僕を見て微笑んだ。

どう反応していいかわからなかった。どうやら二人が僕の進路について話していることはわかった。けれどその気も何も、料理人になりたいと思ったことなど一度もないのだ。海軍のコックになれとは言われたが、承諾した覚えはない。

僕の気持ちなど親父にはどうでもいいようだった。息子の職業を決めるのは、父親の特権だとでも思っているらしい。

「やっぱり調理師学校には行かせた方がいいですか？」

そんなことまで聞いていた。

「そんなところに行くより、一日も早く厨房に入って現場で修業をした方がいい。中華包丁は重たいから、手が柔らかいうちに鍛えた方がいい。鍋振りも、厨房で覚えるのがいちばん。鉄は熱いうちに打て。若い方が仕事を覚えるのも早いですよ」

丁さんにそう言われて、親父は完全にその気になった。

どうやら親父は、僕を『山王飯店』で働かせようとしているらしい。しかも、高校も専門学校もすっ飛ばし、できるだけ早い時期に僕を厨房に入れようとしていた。

僕に拒否権はなかった。

息子の意志は確かめたと親父は言うかもしれないが、命じられたのと変わらなかった。「旨いか？」と聞かれ、頷いただけなのだ。料理が素晴らしく美味しかったのは本当だが、それを一生の仕事にするのはまた別の話だ。

親父には、同じことだった。

僕の進路は決まったらしい。僕の意志とは関係なく。

もっともこのときは、実感が湧かなかった。

札幌に帰ってみれば、東京は夢の国だった。

東京にある竜宮城みたいな中国料理店で自分が働くことなど、永遠の未来の夢物語にしか思えなかった。

中学校では野球部に入っていた。

残りの夏休みは練習に明け暮れて、竜宮城のことはすっかり忘れていた。

「永遠の未来」は意外なほどすぐやってきた。

半年後に東京に引っ越すことになった。

中学二年の三学期、一家で札幌を引き払い、東京都大田区大森のアパートに引っ越した。札幌で冬季オリンピックが開催された年のことだ。

引っ越したのは親父の仕事の都合、ということになっている。

丁さんがそうだったように、東京には親父の顧客がいた。それで親父は時々東京に出張していた。東京の顧客が増えたので、札幌に住んでいるより東京に住所を移した方が仕事に有利だと親父は言っていた。

たぶんその通りなのだろう。

けれど、それだけではなかったような気がする。どうしてもする。僕を『山王飯店』に入れるためだったのではなかろうか。

転校した大田区立大森第八中学校は、町工場街の真ん中にあった。あくまで当時の話だけど、不良の多いことにかけては有名校だった。

同学年には祖父の代から三代続いたトランペッターとかで、いつもトランペットを吹いている桑野という男がいた。彼は後に一年上の先輩に誘われてコーラスグループに参加して有名になる。

ラッツ＆スターの桑マンこと桑野信義君は僕の同級生なのだ。ちなみに彼を誘った一年上の先輩がリーダーの鈴木雅之さんで、これは後に知ったことだが、あの有名なラッツ&スターのメンバーのほとんどが大森第八中学校の一年上の先輩だった。他にも同級生の中には、警察庁長官を務めた坂口正芳君もいる。彼は日比谷高校から東大法学部という典型的なエリートコースを歩んだ。

腕白も秀才も玉石混交の大森第八中学校での一年間は、野球部に入って、さらに小遣い稼ぎに新聞配達をしていたらあっという間に過ぎた。桑野君のように音楽に打ち込むでもなく、坂口君のように勉学に励むでもなく。アルバイトで稼いだお金で喫茶店にたむろして友だちと無駄話をして……。転校生だったけど、野球部の仲間にすんなり入れたから毎日が楽しかった。札幌の番長時代が役に立った。その日が楽しければそれで良かった。

将来の夢や希望のために、何かを我慢するとか努力するとかいう発想はなかった。鏡の前で髪型を整えたり、流行りの服や靴を買うことが何より重要で、望みといえばせいぜい女の子にモテることくらい。

要するに、日本中どこにでもいる、ごく普通の中学生だった。

にもかかわらず進路相談でクラスの担任と面談をしたときに、親父が「この子は料理人になるので、進路は大丈夫です」と得意満面で言い放ったことを昨日のことのようにはっきり憶えている。なんて父親だと思った。

みんなと同じように高校に行きたかった。

勉強がしたかったとは言わない。

だけど高校に行けば何かあるような気がした。

自分の未来につながるような何かが。

父親ともあろうものが、子どもの未来の可能性を潰すようなことをしていいのか。

中卒で働くのはクラスで僕一人だけだった。

あんなに授業をサボるのに知恵を絞っていたくせに、自分だけ高校に進学できないのが悔しかった。

友だちの家に泊まりに行ったときにその話になって、泊まらずに家に帰ったことがある。高校に行かないなんて何か特別な事情があるんだろうと、友だちの家族に思われたことに腹が立った。

特別な理由なんて何もない。家にお金がないからだ。

易者である父親は、友詞には食神がついているから、高校に行くより料理人の修業を始めた方がいいと言っているけれど。

親父が易者であることは誰にも話していなかった。自分の父親がそんな怪しい仕事をしていることを誰にも知られたくなかった。

高校に行かせてほしいと頼んだときの親父の返事は、ドンコの肝のときと同じように冷たかった。

「私立に行かせる金はない。どうしても行きたいなら、都立高校に合格することだ。都立に入れるなら、高校に通ってもいいぞ」

親父の言うことを聞く子ではなかったけれど、ひとつだけ忠実に守ったことがあった。「家で勉強なんてしちゃいけない」という言いつけだ。

小学生の頃から家で勉強をする習慣がなかったから、成績はいつだって後ろから数えた方が早かった。都立高校に入る学力なんて、僕の頭の中のどこを探しても見つからなかった。高校は諦めるしかなかった。

こうして一九七三年三月二十三日が、僕の料理人人生の第一日目となる。

その三日前、三月二十日は僕の十五回目の誕生日だった。

十五歳になったその日が大森第八中学校の卒業式で、その三日後から『山王飯店』で働き始めることになったのだ。

親父と丁さんで決めたことだ。

その年、『山王飯店』の厨房に入ることが決まっていた新入社員は十五人。中卒は僕一人だった。高卒が数人いて、あとは調理師学校まで出ていた。同期とはいえ、全員が僕より少なくとも三歳は年上だった。

「厨房では年齢は関係ない。一日でも先に入った者が先輩です」

丁さんはそう言った。それなら一刻も早く行った方がいいと親父が言い出して、卒業式の三日後から働くことになった。正式な入社は四月一日だから、一週間は休めたのに。そんなことをするのは十五人の新入社員の中で僕一人だけだった。

クラスメートは今頃春休みだ。卒業式の後、仲のいい友だちが集まって遊ぶ約束をしていた。その輪に入れないのが悲しかった。人生最後の春休みを思う存分楽しみたかった。なぜ最後の春休みくらい遊ばせてくれないのか……。

もうひとつ心が塞ぐことがあった。その日から寮に入らなければいけなかった。自宅から通えない距離ではなかったが、見習いは朝早くから夜遅くまで働かなきゃいけない。麻布十番にあった山王飯店の寮に入ることになった。僕の荷物は前日のうちに寮に送られていた。わずかの本と服、ファンシーケース（当時の中学生はたいがい持っていた）と紙箪笥（母親の手編みのベストが入っていた）くらいだけど、家にはもう僕の物はなかった。

今日から家族とひとつ屋根の下で暮らせないと思うと無性に心細かった。親元を離れて暮らすのは初めてだった。

山王飯店は赤坂にあった。

大森駅から国電と地下鉄を乗り継いで赤坂見附駅で降りて、外堀通りを虎ノ門方面に歩いていくと左手に日枝神社が見えてくる。

その先の劇場のように大きな建物が『山王飯店』だった。

江戸の昔、そのあたりには大きな溜池があって、蛍の飛ぶ風流な土地として知られていたという。やがて茶店を始める者が現れ、それが後の赤坂花柳界に発展したのだそうだ。昭和三十年代までは料亭が八十軒、芸妓さんが三百人もいたらしい。僕が『山王飯店』で働き始めたこの頃までは黒塀に囲われた料亭がまだ方々にあって、芸妓さんが街を歩く姿を見かけたものだ。

あれから半世紀。歳月は夢のように過ぎ、街もすっかり変わった。

現在プルデンシャルタワーが建っているあたりに、ホテルニュージャパンの特徴的な建物があって通りを睥睨《へいげい》していた。その地下に入っていたのが力道山が襲われた高級ナイトクラブのニューラテンクォーター、隣がマンモスキャバレーのロイヤル赤坂で、正面の壁面には畠山みどりや欧陽菲菲の巨大な看板がかかっていた。

今は無機質な超高層ビルが建っているだけだけど、当時のあの界隈は文句なしに日本有数の繁華街だった。

『山王飯店』はその一翼を担う、東京でも一、二を争う高級中国料理店だ。社長の張《ちょう》和祥《わしょう》さんは台湾系華僑の大立者で、ジャイアンツの王貞治選手（当時）の後援会長という話だった。

今日から自分はここの一員になるんだ。

そう思って自分を奮い立たせようとしたけれど、上手くいかなかった。

そもそも中国料理がどんなものかよくわからなかった。自分が何をやらされるのかも皆目見当がつかなかった。果たして自分にできるのだろうか。

生まれ育った牧場から引き離され、売り飛ばされる仔牛もきっとこんな気持ちになるのだろう。

自分では一端《いっぱし》の大人のつもりでいたけれど、まだまだ子どもだった。

なにしろ昨日まで中学生だった。親元を離れる不安で胸がいっぱいで、首に縄こそついていなかったけど、見えない何かに引かれるようにして、僕は『山王飯店』を目指してとぼとぼと歩いて行った。

得意げな父に連れられて、母や弟たちと食事に来た日が、遠い昔の出来事のように思えた。日枝神社の桜は満開だったけれど、気持ちは沸き立たなかった。桜より地面を見ていたに違いない。

あの日から他の新入社員が入って来る四月一日までの一週間のことをよく憶えていない。とにかく最初の一週間がやたらと長かったことだけが印象に残っている。

山王飯店の厨房で、あまりにもたくさんの「初めてのこと」に出会ったからだ。五百人分の宴会料理を作るというだだっ広い厨房で、数えきれない数の料理人が働いていた。中国人の親方たちも、彼らの上げる中国語の声も、居並ぶ業務用の火力の強いガスコンロも、独特の形の幅の広い包丁も、切り株みたいな分厚いまな板も、今までの人生で出会ったことのない多種多様な食材や、食材かどうかも判断しかねる異形の乾物たちも、そして最初の日に見たあの赤い表紙の菜単も。

菜単はメニューのことだという。開くと漢字がぎっしり並んでいた。漢字というよりこれは中国語だ。よく見ると、漢字の隣に英語まで書かれていた。頁をめくってもめくっても、英語と中国語が続いていた。申し訳程度に日本語もあったが、何が書いてあるかちっともわからない。親父はすらすら読んでいたけれど、自分にこんなものが読めるようになる日が来るとは思えなかった。

何から何まで僕には未知のものばかりだった。全体が混ざり合って何がなんだかよく見分けがつかない。厨房に飛び交う声は中国語だったから、何が起きているのかもよくわからなかった。

そのカオスのような厨房で、僕は生涯の相棒と出会った。

重い天敵。

「よく見てな。こうやって鍋洗うのが、お前の仕事だから」

最初の日、先輩が鍋の洗い方を見せてくれた。

「簡単だろ。やってみろ」

先輩の動作を思い出しながら、水道の蛇口をひねって水を流し、渡された金ダワシにクレンザーをつけて、流し台に置いた中華鍋を力を込めて擦った。いや、擦ろうとするのだが、鍋が揺れて上手く擦れない。先輩がため息をつく。

「どこ見てたんだ。それじゃ力が入んないだろ。こうやって鍋を立てて、鍋底を流しの隅に押しつけて洗え」

鍋と言っても、ただの鍋ではない。山王飯店の厨房にあった鍋は、僕の知っている鍋とはずいぶん形が違っていた。鍋というよりフライパンに似ている。ただし家にあったフライパンより二回りも三回りも大きくて重かった。

しかも鍋底がボウルのように丸く膨らんでいる。底が丸いから、そのまま流し台に置くとグラグラと揺れて安定しないのだ。

普通の鍋なら洗うのにこんな苦労はしない。

大きくて重いくせに、把手がやたらと小さくてつかみにくかった。

家のフライパンについているようなしっかりした一本棒の把手ではなく、申し訳程度の小さな把手が、パラボラアンテナにでもなりそうな大きなお椀型の鍋の左右に、ひとつずつちょこんとついているだけなのだ。

先輩に言われた通り丸い鍋底を流し台のコーナーに押しつけても、金ダワシを持つ右手に力を入れると鍋が暴れて上手く洗えない。

僕の力で鍋を完全に押さえつけるのは難しかった。制服だと言って渡された油染みで真っ黒になった白衣の前をびしょ濡れにしながら洗っていると、見かねた先輩が僕を押し退けて鍋を洗い始めた。

「しっかりしろよ。明日から、お前がアレ洗うんだからな」

先輩が上げた顎の先に、汚れた中華鍋が何十枚も積み重なっていた。

これが僕と中華鍋の、いうなれば馴れ初めだ。

厨房では単に鍋と呼んでいた。

中国料理で鍋といえば、中華鍋のことだ。

日本でも関東と関西では料理が違うように、中国料理も地域によって使う食材も違えば、味つけや調理法にもそれぞれ特色がある。どの地域でも中華鍋を使うが、形や大きさが微妙に違う。

大きく分けるとフライパンのように棒状の把手がひとつついた片手鍋と、耳と呼ばれる小さな把手が左右についた両手鍋の中華鍋がある。片手鍋は北京料理で使われることが多いので北京鍋、両手鍋は広東鍋とか上海鍋と呼ばれる。『山王飯店』は上海料理の店で、両手鍋の上海鍋を使っていた。

北京鍋と比べると、初心者には上海鍋の方が扱いが難しい。

上海鍋を片手で持つには、把手に親指一本をかけ、残りの四本の指を鍋のフチにあてがって鍋全体を支える。僕には、それができなかった。

両手で持つなら問題はない。左右の把手を左右の手で握れば安定して持てるのだけれど、そんな持ち方では仕事にならない。鍋の耳を五本の指で握りしめ、ぶら下げるように持つのが精一杯だった。

なんでこんなあつかいにくい道具で料理をするんだろう。

それが不思議で仕方なかった。目玉焼きを焼くなら小さなフライパンがいいし、麺を茹でるなら鍋が便利だ。厨房に入って何日目かに気づいたのだが、中国料理ではそういう風に道具を使い分けていないみたいだった。

中国人の親方たちは、煮るのも、炒めるのも、揚げるのも、蒸すのも、中華鍋でやっていた。そのかわり鍋をどんどん〝捨てる〟。

僕がついたのは、上海から来た盛福江《せいふくえ》さんという人だった。

年の頃は四十代半ば。無口で真面目で笑わない、苦味走った職人肌の親方だ。仕事は鍋屋、洋食で言うところのストーブ前。火力の強いコンロの上でその大きな中華鍋を振って料理を作る、火の料理と呼ばれる中国料理の花形だ。しかも盛さんは一番鍋、何人もいる鍋屋の中のエースだ。厨房全体の位階では料理長、陳浩栄《ちんこうえい》総料理長の下のナンバーツーだった。

その盛さんの隣に控えて、盛さんが〝捨てた〟鍋を洗うのが僕の仕事だった。

もちろん実際に捨ててしまうわけではない。炒めるにしろ、煮るにしろ、揚げるにしろ、とにかく調理に使った鍋は、一斗缶を切って作った台の上にガシャンと放り投げる。その仕草がいかにも鍋を捨てるみたいなのだ。

盛さんの前には風防付きの頑丈な五徳に囲われたガスコンロが三つあった。それぞれに鍋がのっていて、別の料理を作っていた。たとえば奥のコンロにかけた鍋でフカヒレを煮込みながら、手前のコンロの火を盛大に上げて小エビと豚モツを炒める。もうひとつのコンロにかけた鍋で油を熱くしておいて、エビとモツの炒め物が仕上がったら、間髪いれずに丸ごと一匹のイシモチを揚げる。人間業とは思えない手際で次々に料理を作っていくので、鍋はどんどん台の上にたまる。

たまった中華鍋を流し台まで運んで洗うのが、僕に与えられた仕事だった。

洗った中華鍋は何枚かまとめて、盛さんのところに戻す。汚れた鍋を置く台の反対側にも一斗缶の台があって、洗った中華鍋を積むことになっていた。盛さんはそこから新しい中華鍋を取って料理をする。

綺麗になった中華鍋を盛さんのところに運ぶ頃には、反対側の台に使い終えた中華鍋が何枚も重なっている。それを洗い場に運んで洗う。洗い終えたらまた盛さんのところに運ぶ……という具合に、朝から晩まで鍋を洗い続けなきゃいけなかった。

洗い終えた鍋の中には、わずかな洗い残しもあってはいけなかった。

万が一焦げでも残っていたら、大変なことになる。

盛さんが声を上げて、振っていた鍋を放り出す。先輩が飛んでいって、ペコペコと頭を下げ、鍋を洗い場に運んで来る。

「友詞、やったな」

シンクに投げ出された鍋の中で鮑のクリーム煮が湯気を立てている。ふっくらと煮上げた高価な鮑の上に、不吉な黒い蜘蛛の子のような焦げが散らばっていた。

盛さんは厳格な人で、焦げの一欠片《ひとかけら》も許さない。料理は最初から作り直しだった。

盛さんは直接僕を叱らない。こっちをジロリと睨むだけだ。叱られるのは、鍋洗いの責任者の先輩だった。僕はその場に居たたまれなくなる。穴があったら入りたいとはよく言ったもので、いっそ消えてしまいたかったけれど、厨房には穴もなければ消えることもできなかった。

僕を押し退けて中華鍋を洗い始めた先輩の後ろで、何をすればいいかわからず、周囲の冷ややかな視線を浴びながらオロオロと立っているのは辛かった。

サンダルからはみ出た足の指は汚れた油で真っ黒だった。洗い物で足元がいつも水浸しなので、新入りは靴下を履いてはいけなかったのだ。真冬でも素足にサンダル履きだから、足先がいつも冷たくて指の間にはひどいアカギレができていた。親父に腹が立った。何が食の神様がついているだ。僕は鍋洗いにすら向いていないじゃないか。

上海料理では「紅焼《ホンシャオ》」という調理法をよく使う。

醤油と砂糖で煮込んだ料理のことで、「紅」は醤油に砂糖を加えて加熱したときの色、中国語の「焼」には「煮込む」という意味がある。日本語にするなら醤油煮込み。フカヒレの醤油煮込みは「紅焼魚翅《ユイチー》」。ナマコを醤油で煮込めば「紅焼海参《ハイシェン》」。スペアリブなら「紅焼排骨《パイグゥ》」。

高温の火で煽られメイラード反応を起こした醤油と砂糖の焦げ味は、上海料理を特徴づける美味しさの秘密なのだ。

盛さんは、紅焼の名人と言われていた。注文するお客さんも多かったから、盛さんが捨てた鍋には焦げがこびりついていることが多かった。

どうせ焦がすんだから、少しくらい焦げが残っていてもいいだろうという話は通らない。盛さんが作るのは紅焼料理だけではない。そしてどういうわけか洗い損ねて中華鍋の中に焦げが残ってしまったときに限って、クリーム煮とか胡麻ソース煮とかわずかの焦げも目につくような料理のオーダーが入るのだ。

中華鍋は僕の天敵だった。

ナマコを素手で握ってはいけない。

丁さんは確かに「一日でも早く厨房に入って現場で修業をした方がいい」と父に言った。けれど、何ヶ月経っても料理を教えてもらえなかった。丁さんが早く手に馴染ませた方がいいと言っていた中華包丁さえ一度も握っていない。

「耳はウサギの耳だ、背中に目をつけろ」

先輩には何度もそう言われた。

意味がわからない。何を言ってるんだろうと思った。

意味はわからなくても「はい」と答える。

そして、先輩に言われたことは何でもやった。

鍋だけ洗っていればいいわけじゃなくて、ゴミ捨てから掃除から荷物運びから野菜の下処理から何から何まで、朝から晩まで厨房のありとあらゆる雑用をやらされながら、一日に洗った中華鍋は何百枚にもなったはずだ。

力任せに擦らなきゃいけないから腕はいつもパンパンで、金ダワシとクレンザーで手が荒れて五本の指がタラコのように腫れ上がっていた。

辛いし、痛いし、何より面白くない。

子どもの頃は、面白いことだけしていれば良かった。つまらないことからは、とにかく逃げ出すことしか考えてなかった。

ここではそうはいかなかった。

汚れた鍋は、洗わなければ増えていくだけだ。厨房にいる限り、鍋洗いから逃げる場所はどこにもなかった。

頭ではそれがわかっていたが、いつも逃げ道を探していた。店を辞める機会をうかがっていた。東京は広い。中国料理店だけが働く場所じゃない。どこか他にもっといい場所があるはずだ。

考えていたことは、札幌にいた小学生の頃と変わらない。

それでも辞めなかったのは、お袋のおかげだ。

進路を勝手に決めた親父への反発が、心のどこかにくすぶっていた。食神がついてるなんて言うのも、僕を働かせたかったからだ。ずっとそう思っていた。

『山王飯店』の給料は三万二千円。僕はそこから毎月一万円を家に送っていた。親父に言われたわけじゃないけど、僕は長男だし、稼ぎの一部を送るのは暗黙の了解みたいなものだった。

三万二千円からの一万円は大金だが、お金を送ること自体は嫌じゃなかった。母や妹や弟たちの生活がそれで少しでも楽になると思えば働き甲斐にもなった。

だけど、そのことと僕の将来は別の問題だ。

世の中にどんな仕事があるのかさえまだよく知らなかった。少なくともそれを知った上で、自分の人生を決めたかった。

親父はそのチャンスを僕から奪ったのだ。

鍋を洗いながら、そのことを思い出した。

休みの日は家に帰るか、中学時代の友だちと遊んだ。妹や弟を街に呼び出して、食事を奢ったりもした。

エビフライが好きな妹を洋食屋に連れていったことがある。妹によれば「兄さんはお腹が空いていないと言って水しか頼まなかった」らしい。そう言われて、財布の中身が足りなくて焦ったことを思い出した。

家に仕送りもしなきゃいけないから、財布にはいつもお金がなかった。それでも休みになると、家族に会いたくなる。家族や友だちと笑っている間だけ、仕事の辛さを忘れることができた。

これは後になって叔母から聞いた話だけれど、お袋は僕が大森の家から『山王飯店』に通うと思っていたそうだ。それが店の寮に入ることが決まったと叔母に電話してひどく泣いたらしい。

自分が親になってみれば、お袋の気持ちはわかる気がする。子を手放す寂しさもあっただろう。その子が味わう苦労を思っての涙もあっただろう。

お袋は、僕にそんな素振りを少しも見せなかった。

「この仕事は向いてない。辞めたい」と僕が弱音を吐くと、なだめたりおだてたり励ましたりして、なんとか思いとどまらせようとした。

辞めたらこのお袋が悲しむと思ったら、とても辞められないと思った。あんなに辞めたかったのに、お袋と話していると、いつの間にかもう少し頑張ってみようという気持ちになった。

一度ならずそういうことがあった。

二度目のときもお袋は辛抱強く僕の話を聞いてくれた。最初のときと同じように、僕を優しくなだめすかして寮に帰らせた。

けれど三度目は違った。

「友詞、いつまでそんなこと言ってるの。いいかげんに覚悟を決めなさい。高校に行ったと思って、三年はしっかりやってみなさい。三年必死に頑張って、それでも駄目だったら、何でも好きなことをやればいい」

いつも優しいお袋とは思えない激しい剣幕だった。

親父に殴られるより衝撃が大きかった。

お袋の言葉は胸に響いた。

それで働く覚悟を決めたわけではない。

店を辞めるのはやめた。三年間はお袋に泣き言を言わずに頑張る。そこまでは決めた。お袋を悲しませたくなかったから。

その先がわからなかった。

上手くいかなかったら、さっさと他の場所を探す。世界は広くて、遊び場所は無限にある。もっといい場所は必ずどこかにある。それは子どもの頃から自分の頭と身体で確かめてきた世界の秘密だった。学校みたいなところに閉じ込められて、じっと我慢しているなんて自分の柄じゃなかった。

厨房は階級社会だった。

僕のような見習いまで含めれば、当時の『山王飯店』の厨房で働く料理人は全部で八十人くらいいた。実際に料理を作るのは二十人前後の親方たちだ。頂点に君臨するのが陳浩栄総料理長で、親方は全員が中国人だった。

親方の仕事は前菜を専門に作る前菜師とか点心を作る点心師のように、それぞれ専門化している。中華包丁を使って食材を切る板前のチーフも、盛さんのように中華鍋を振って料理を作る鍋屋のチーフもすべて中国人の親方で、僕のような下働きの見習いがついていた。

見習いはみんな日本人だった。

あの時代の東京の高級中国料理店はどこもだいたいそうだった。本格的な中国料理を名乗る店には、中国から招聘した中国の料理人が必ずいた。日本人は料理長はおろかチーフにもほとんどなっていなかった。

先輩も見習いだった。見習いは親方の下働きをしながら中国料理の技術を学ぶ。学ぶと言っても、手取り足取り何かを教えてもらえるわけではない。

手伝いながら親方の技術を見て覚えるのだ。言葉は悪いが、技術は盗むものだと言う人もいた。まあこれは中国料理に限った話ではない。当時の日本では、料理修業は和食も洋食も同じようなものだった。

『山王飯店』の厨房ではその第一歩が鍋洗いで、鍋洗いを教えてくれた先輩も僕が入るまでは鍋洗いだった。

それを知ったとき、ちょっと気が遠くなる気がしたのを憶えている。

先輩は何十枚もの中華鍋を軽々と抱えて運び、目にもとまらぬ速さで完璧に洗い上げてしまう。僕の目には神の如き存在だった先輩が、僕を別にすればこの厨房の最下層の見習いだった。

一人前になるには、あとどれくらい鍋を洗わなきゃいけないのだろう。いつになったら料理を作らせてもらえるのだろう。いやそんなことよりも、どんなに鍋を洗ったところで陳総料理長や盛料理長のような親方にはなれないんじゃないか。少なくともこの厨房に日本人のチーフは一人もいなかった。

そんなに偉くなるのはまだずいぶん先のことだろうけど、頂上に至る道の閉ざされている山を登る価値は果たしてあるのか。

世間知らずでモノを知らない十五の子どもでも、それくらいは考える。

そのくせ精神年齢は北大のキャンパスで何か面白い遊びを探していた頃とたいして変わらなかったから、毎日のように何かしら失敗をしでかした。

水を張った大きな寸胴に見慣れぬ黒いものが大量に浮いていたことがある。大きさは大人の親指くらい、形状も指とよく似ていた。

翌日覗き込んでみると、昨日よりは明らかに太く大きくなっていた。毎日覗くたびに微妙に大きくなっていく。

ある日、先輩たちがその寸胴を囲んで作業をしていた。

いったい何だろう。一度好奇心が湧いてしまうと、もう我慢ができない。

そう言ったときには、手を突っ込んでその黒いふわふわしたものを握っていた。

「これ何ですか？」

先輩の血相が変わった。

「あ、何やってんだ。手、離せ」

それは戻しかけのナマコだった。

干したナマコを大量の水に浸して火にかけ、お湯の温度が七十五度から八十度くらいになったら火を止める。一晩かけてゆっくりと常温まで冷ますと、親指サイズの干しナマコが一回りだけ膨らむ。翌日もふたたびこの作業を繰り返し、丁寧に砂やゴミを取り除きワタを抜きながら、何日もかけてナマコを十五センチから二十センチの大きさにまで戻すのだ。

僕は先輩が丹精込めて戻していたそのナマコを素手で握っていたのだ。

ものすごく叱られた。

「馬鹿野郎。お前の手の油でナマコが溶けるんだよ。ナマコを触るときは、手を石鹸と塩でよく洗わなきゃ駄目じゃないか」

乾物のことを、中国語で乾貨《ガンフア》という。軽くて高価だから貨幣がわりに使われることがあったのかもしれない。

高価な乾貨の中でも、鮑とナマコとフカヒレは別格の高級食材だ。

ちなみに鮑もナマコもフカヒレも、古くから日本産が最高級品で長崎経由で中国に輸出されてきた。いわゆる俵物だ。俵物は江戸時代の日本の重要な輸出産物で、現代でも上質な干しナマコは一キロあたり数十万円で取引される。

それでなくとも高価な食材に長い時間と手間をかけて仕上げるのが中国の高級料理で、戻す途中の宝物のようなナマコを油のついた手で触るなんて料理人には考えられないことなのだが、モノを知らない僕はそういうことを呆れるほどやった。

窯につるした六羽の北京ダックを全部黒焦げにしたこともある。あのときは陳総料理長にありとあらゆる中国語の汚い言葉で罵られた。「あなたの脳みそは豚の脳みそだ」とまで言われた。豚の脳みそはとても小さいのだ。怒られたことよりも、途方もない失敗をしてしまったことに僕は落ち込んだ。

母親との約束があったから辞めるのは思いとどまったけれど、逆に言えばそれだけに葛藤が大きかった。

こんなところで苦労しても何にもならないんじゃないか。他にもっといい場所があるんじゃないかという思いが、どうしても拭い去れなかった。


山王飯店で働き始めて最初の年の暮れ、僕は実家に帰らなかった。

中学時代の友人たちと会う約束も断って、新潟の石打丸山スキー場に行った。

札幌で冬季オリンピックが開催されたのは、東京に引っ越した年のことだ。札幌の街がテレビに映るのを一家で夢中になって観たものだ。

聖火台が設置された手稲山は、幼い僕がスキーを習った場所だ。自分の家の裏庭みたいな山にアルペンスキーのコースが作られ、世界最高のスキーヤーたちが滑走するのを見るのは何か不思議な感じがしたものだ。

僕はスキーに行ってみようと思った。札幌までは帰れないけど、得意なスキーをしたら気持ちも変えられるかもしれない。

休みの日に一人で過ごすなんて、いつもの自分なら考えられないことだ。

あのときは、それが必要だった。

久しぶりのゲレンデは札幌オリンピックの影響なのか、驚くほどたくさんのスキーヤーで混雑していたが、滑るのに苦労はしなかった。

スキーは子どもの頃から得意だった。

僕の板が新雪に描く曲線はゲレンデの誰よりも美しかった。

今考えれば、自信を取り戻したかったのだと思う。

あの一年間僕はずっと惨めな思いをしていた。子どもの頃はガキ大将でいつもみんなの中心にいた。毎日、自分のやりたいことをやって遊んでいた。自分の好きでもないことを、あんなに長い期間やり続けたことはなかった。

自分が価値のない、駄目な人間なんかじゃないということを確認したかったんだと思う。自分にも他の人より優れている何かがあると確かめたかったんだと思う。

エッジと雪が滑らかに擦れる音を聞きながら、何もかも忘れて日が暮れるまで滑った。少しは自信が取り戻せた気がした。

少なくともスキーでは、今ここにいる誰にも僕は負けていなかった。テレビで観たオリンピック選手にはとてもかなわないだろうけど……。

（いや、まだ十五歳だ。今からだってスキーヤーを目指せるんじゃないか）

久しぶりだったのに思ったより滑れたことに気を良くして、そんな夢みたいなことを思ってみたりもした。

そして、足腰に心地のよい疲れを感じながら戻ったレストハウスの土産物売り場で、僕はその額に入った言葉を見つけた。

誰か偉い人の書いた言葉だった。

こう書いてあった。

「この道より我を生かす道なし。

この道を歩く」

なぜかわからないけど、背筋がざわざわとした。

その言葉から目が離せなくなった。

何かとても大切なことが書かれている気がしたからだ。

心の中で、何度もその言葉を繰り返した。

僕がわからなかったのは、このことだったのだと思った。

何を選ぶかではない。

重要なのは、何かを選ぶことなのだ。

僕が苦しかったのは、何も選んでいなかったからだ。

僕はその額を買い、後生大事に抱えて東京に帰った。

あの日僕は自分の行くべき道を見つけ、それからずっとその道を歩いてきた。

今日までの五十年間は、その選択が間違いでなかったことを確かめるためにあったと言ってもいい。

Column 2

中華鍋の種類

北京鍋

片手鍋。棒状の把手が鍋の中心線上に一本だけついている。フライパンと同じように片手で楽に持つことができるため、初心者でも比較的あつかいやすい。上海鍋や広東鍋に比べると鍋底の丸みが深い。現在の僕の店では北京鍋を使うことが多い。

上海鍋

両手鍋。耳と呼ばれる小さな把手が鍋の左右についている。鍋底の丸みは浅い。肉や魚を醤油で煮込む紅焼料理に向いている。

広東鍋

両手鍋。上海鍋と同じように、把手が鍋の左右についている。鍋底が浅いのも同じだが、上海鍋よりサイズが大きいものが多い。

第3章

雨垂れ石を穿つ

夢でもなければ、希望でさえない。

中卒で働くと決まったとき、自分だけが人生から締め出された気がした。
高校に行った友人たちには何にでもなれる未来があった。
それが羨ましかった。彼らにはたくさんの選択肢があった。僕には鍋を洗うという
ひとつの選択肢しかなかった。
けれどレストハウスの土産物売り場で「この道」という言葉と出会ったとき、心に
浮かんだのはスキーなどではなく、そのたったひとつの選択肢だった。その言葉を書
いたのは小説家の武者小路《むしゃのこうじ》実篤《さねあつ》、一九七四年はこの大作家の最晩年だった。
何にでもなれる未来なんて、ほんとうはどこにも存在しない。
何にでもなれるのは、何も選んでいないからだ。
どこかに辿り着くためには、道を選ばなきゃいけない。ひとつの道を選んで、その
道を歩き続けなければいけない。
僕が恐れていたのは選ぶことだった。
何かを選ぶことは、それ以外のすべてを捨てることだから。選んでしまったら、そ

こで自分の未来の可能性は閉ざされてしまうと思い込んでいた。

それが間違いだった。

選ばなければ、人生は始まらない。

何ヶ月も中華鍋を洗い続けて、ようやくそのことに気がついた。

そして、僕は中国料理の道を選んだ。

親父の思い通りになったわけだ。最初から素直に言うことを聞いていれば悩むことはなかったかもしれないが、あれで良かったと思っている。親父への反抗心があったからこそ、自分の意志で自分の人生を選ぶことができた。

鍋という天敵と出会わなかったら、大作家の言葉も胸には響かなかった。


僕はノートをつけ始めた。毎晩寝る前に机に向かう時間を作り、その日自分が覚えた料理名とその作り方を、必ず書き留めるようにした。週の最初の日に、その週の定食が決まると、それも忘れずにノートにつけた。先輩に言われたこと、誰かから聞いて心に残ったことも書いた。

雨垂れ石を穿つという。

僕と中華鍋との関係はそれに近い。

三月に厨房で働き始めてから九ヶ月間、休日以外毎日鍋を洗った。枚数を全部数えたら何万いや何十万枚になっただろう。

相変わらず親方のように片手で持つことができなかったし、それこそ辞めたくなるくらい度々ヘマをやらかしたが、それでもいつしか自分でも気づかないうちに、なにがしかの自信になっていたのだと思う。生まれてこの方、何かにこんなに専念したことはなかった。

だから武者小路の言葉を読みながら、ふと自分にとっての「この道」はなんだろうと考えたとき、山王飯店の厨房で鍋を洗う自分の姿が僕の心に浮かんだのだ。

それは夢でもなければ、希望でさえなかった。

ただ、十五歳の子どもには、何ヶ月間か朝から晩まで鍋洗いをしたこと以外に、自分に誇れることがなかった。それ以上何かに取り組んだことがなかった。

だから、もしかしたらと思った。

もしかしたら、自分もこの道を行けばどこかに辿り着けるかもしれない、と。

僕の同期は十五人いたと書いた。

全員が年上で、僕の日には大人みたいに見える人もいたけれど、みんな僕と同じように毎日鍋洗いをさせられた。

どんどん辞めた。

一年後まで残ったのは僕とあと一人だけだった。

僕たちの年代が特別だったわけではない。次の年もその次の年も、定着率は同じようなものだった。中国人の親方たちに叱られなかった理由はたぶんそれだ。どうせ辞める人間を叱っても労力の無駄遣いだ。親方からすれば新入りはお客さんで、少なくともこれはと見込みがつくまでは相手にされていなかった。

中華鍋を毎日何百枚も洗わせるなんて、今時そんなことをしたら若い人は集まらない。そんなことをしなくても優秀な料理人を育てることはできるだろう。

とはいえ、通過儀礼か何かのような、昔ながらの荒っぽい教育法が効果を発揮することもある。

鯉の脳みそと、豚の脳みそ。

厨房での上下関係は絶対だった。

まかないを最初に食べるのは、中国人の親方たちだ。次に先輩たちが椅子に座って食べる。僕ら新入りは、先輩たちの後ろで立ったまま食べる。

親方が僕ら日本人と一緒に食べることはない。

日本人のまかないを作るのは、二年目か三年目の先輩だ。

高価な食材は使えない。豚肉や鶏肉に野菜という組み合わせがいちばん多かったけれど、量はたっぷりあったし、何より美味しかった。野菜の下ごしらえだの、鶏や豚肉の解体だの、退屈な仕事ばかりで料理を作らせてもらえない見習いには、まかない料理は腕の見せ所だったのだ。

美味しいものをお腹いっぱい食べられるのは、食べ盛りの僕には極めて重要なことで、それがあったからあの辛い一年を耐え抜けたとさえ言える。けれど僕の最大の関心事は、自分の食べるものよりも圧倒的に親方のまかない料理だった。

中国人の親方たちは、見たこともない料理を食べていたのだ。

見習いは、朝六時半に厨房に入る。

朝一番に鶏と豚の出汁を取る。これをガラ番という。何十キロもの鶏ガラと老鶏《ラオチイ》（産卵を終えた雌鶏の丸鶏。肉質は硬いが、深みのある上質な出汁が取れる）、豚骨を大きな寸胴で炊いて、その日厨房で使う毛湯《マオタン》というスープを取るのだ。スープを取った後の鶏ガラや豚骨を処分し、寸胴を洗うのも大仕事だ。手間と時間のかかる単純作業だけれど、これをおろそかにすると美味しい料理はできない。この毛湯が山王飯店の料理の基本になる。

仕事はそれだけじゃない。一斗缶八缶に口切りいっぱい詰まった白いラードを大鍋で溶かし、鍋屋の親方たちの前のステンレスの箱に各種調味料を補充し、板場の親方たちのために夜の間立てて乾かしていた分厚いまな板を倒し、厨房に運び込まれる肉だの魚だの野菜だの各種の乾貨だのの箱を開けて冷凍庫や冷蔵庫にしかるべく分別し、大量の野菜を切り、豚肉や鶏肉をバラし、自分たちにできるすべての準備を整えておかなければいけない。その合間に朝のまかないを食べる。厨房にある食材を好きに（高価なものは禁止されていた）食べて良かったからこれは楽しみだったけど、営業が始まるまでにやっておかなきゃいけないことは山ほどあった。

親方たちが出勤するのは、僕らがそういうことを終えた後、ランチタイムの始まる直前だ。厨房に入ると、まずお茶を飲みながらその日の打ち合わせをする。ランチの時間になってオーダーが入ると、親方たちは颯爽と料理を作り始める。

その速度と手際の良さは、見ている僕がうっとりするほどなのだが、それほど長くは続かない。ランチタイムのピークが過ぎると、親方たちはさっさと自分たちのまかない料理の準備に取りかかるからだ。

親方のまかないを作るのは親方たちだった。お客に出す料理の下準備は可能な限り見習いに任せるけれど、自分たちのまかないには一切手出しをさせなかった。親方が自分たちで材料を準備し、自分たちで料理して、自分たちだけで食べる。日本人の見習いが関われる余地はない。親方たちがまかない料理を作っている隣で鍋を洗いながら、黙って見ているしかなかった。

親方たちは、食べる喜びに対して驚くほど真剣だった。

普通の料理に対するこだわりは、つまり普段お客さんに出している料理ということだけれど、それに比べたらあっさりとしたものだ。

親方たちの名誉のために言っておくが、お客さんに出している料理が雑だとかいい加減だというのではない。


中国語でメニューを菜単《ツアイタン》あるいは菜譜《ツアイプー》という。

初めて『山王飯店』に行った日に、宝物のように見えた赤い表紙のあれだ。

中国料理店の格の高さは、この菜単の厚さでわかる。分厚い菜単は店がいつでも提供できるメニュー、すなわちグランドメニューの種類が豊富なことを物語っているからだ。『山王飯店』には二百一品のグランドメニューがあった。

当時の菜単の最初の頁の一部を抜粋してみよう。

鎮江肴肉《チンコウヤオロウ》　鎮江風味冷豚肉
棒棒鶏糸《バンバンジースー》　鶏と胡瓜の唐辛子胡麻味噌掛
松花皮蛋《ソンホワピイダン》　ピータン（家鴨卵）
紅焼排翅《ホンシヤオパイチー》　フカヒレの姿煮
蟹肉魚翅《シエロウユイチー》　蟹肉入りフカヒレの煮込み

奶油鮑魚《ナイヨウバオユー》　鮑のクリーム煮
蝦子海参《シャーズハイシェン》　ナマコとエビの子煮込み

グランドメニューは完成度が高い。親方たちにとっては何十回、いや何百回も作った料理ばかりだ。親方の親方、さらにその親方の親方と、何世代にもわたって作られ続けてきた料理も少なくない。

絵画にたとえるなら名画だ。葛飾北斎の赤富士こと『凱風快晴《がいふうかいせい》』とか、ダ・ヴィンチの『モナ・リザ』みたいな料理ばかりだ。作り方に曖昧な部分はない。食材の下ごしらえは終わっている。膨大な時間と手間をかけて戻すフカヒレや鮑やナマコなどの乾貨の準備も、見習いが事前に終わらせている。

書家が一気に名筆を書き上げるように、周到に準備された最高の食材を使って親方が一気呵成に作り上げるのが中国料理のグランドメニューだ。

火力の加減、鍋を振るリズム、調味料の塩梅とそれを投じる呼吸、仕上がりの見極め……。すべきことは親方の身体に刻み込まれていて、そのすべてを手際良くやり遂げさえすれば、人が涎を流さずにはいられない最高の料理が仕上がる。

それが中国の食文化、いうなれば中国料理の表のメニューだ。

まかない料理は、中国料理の裏メニューだ。

まず高価な食材は使わない。

親方たちはまかない料理に、日本人が捨ててしまうような部位を好んで使った。たとえば鯉の頭とか、あるいは豚のアキレス腱の横についた何かとか、牛のフィレ肉を切り出したときの硬いスジとか。

親方のまかない作りは、通常の料理には使わないそういう特別な部位を、コツコツとためるところから始まる。

最近は目にする機会が減ったけれど、当時の日本の高級中国料理店では、鯉をよく使った。お頭付きの鯉を一匹丸揚げにして甘酢をかけた「糖醋鯉魚《タンツーリーユイ》」は、中国料理の宴会の定番のメインディッシュだった。

鯉料理の注文はよく入ったが、日本人はまず鯉の頭を食べない。鯉の頭が残る。親方たちはこれを集めて、半分に割って、片栗粉をまぶして醬油を含ませる。それを酒と醬油で煮込んでいくのだ。

正直に言えば、鍋の中の大量の鯉の頭を初めて見たときには、あんなものをよく食べるなあと思った。

なにしろ鯉の頭だから、食べられる部分はごくわずかだ。目玉の後ろについている豆粒ほどの身、それから白い小さな脳みそくらい。そのごく小さな部位を食べるために、親方たちは手間をまったく惜しまない。

豚の腿をバラすと、腿の付け根に丸い球のようなスジがある。硬くてそのままではとても食べられたものではないのだが、彼らはわざわざこの球状のスジばかり集めておいて、コトコトと長時間茹でてスープに仕立てる。

肉屋から届く牛のフィレ肉は一本の棒状の塊肉だ。この塊肉には大きなスジがついている。フィレ肉を切り出すために、この硬いスジを削ぎ落とすのだが、親方たちは例によってこのスジも大切にためておく。ボイルして、さらに一時間半ほどトロトロになるまで蒸し上げて、生姜とネギと酢を使ったタレをつけて食べるのだ。

魚の骨についた身を集めてすり身にして、刻んだ漬物を加えて蒸してかまぼこを作ることもあれば、鶏の鶏冠《とさか》を集めて揚げたり、鶏の足の爪を外し骨を抜いて皮だけにして茹でたり、そうかと思えば豆腐をひたすら煮込んだり……。

親方たちはとにかく食材をよく知っていた。そして美味しく食べるために、手間と暇を惜しまずそそぎ込んだ。「中国人は足のあるものは机以外は何でも食べる」という警句がある。揶揄《からか》ってそう言う人もいるけれど、僕はこの言葉を親方たちへの尊敬の気持ちとともに思い出す。中国人たちほど食べることに真摯な人はいない。

仲の良い先輩は、「オヤジたちが作るアレをよく見とけ。ほんとうにいい料理作ってるから」と言っていた。「メニューに載ってる料理は春夏秋冬一年中作れる。だけど、まかないの材料は常に変わる。その材料で何を作るかっていうところに、オヤジの腕が出る。あの料理はよく見といた方がいい」と。

営業時間中のお客に出す料理を仕上げる手際の良さにも見惚れたが、親方が作る毎日違うまかない料理にはいくら見続けても見飽きない面白さがあった。

盛さんはまかない料理が残ると、こっそり食べさせてくれるようになった。きっと僕は、親父の酒の肴を指を咥えて見ていた幼い頃と同じ目つきをしていたに違いない。

驚くほど旨かった。

そんな風にして、僕は中国料理という名の底なし沼に分け入っていった。

入り口から覗いているレベルだったけれど、逆に言えば、その時期に本物の中国の料理人の仕事に毎日間近で触れることができたのは、僕の幸運だった。

当時の日本の名だたる中国料理店は、中国本土や香港台湾から超一流の料理人を招聘していた。盛親方もそういう一人だった。最高の料理人の仕事を、僕は知らず知らずのうちに目に焼き付けていた。

料理長の盛さんが一番鍋を振っていた。その向こうに二番鍋、三番鍋の親方たちがいて、それぞれ鍋を振っていた。

二番鍋の親方は台湾から来た朱《しゅ》さんで、この人も一流の料理人だ。仕事の素晴らしく早い人だった。けれど盛さんと比べると、どうしても仕事に粗さが見える。朱さんが未熟なのではなくて、盛さんの仕事があまりにも見事だからだ。

盛さんはすごい料理人だった。

見習いでも毎日隣で見ていれば、そういうことがわかるようになる。

わかるようになったことをなんとかして盛さんに伝えたかったが、どう言えばいいかがわからない。

盛さんが鍋の耳を持つ手が油で光っているのに気がついたから、タオルを熱いお湯につけて絞って、盛さんが料理を盛りつけ終えるのを見計らって手渡した。以前に一度、盛さんにタオルを絞るように言われたのを思い出したのだ。盛さんは料理をするとき、タオルをいつも自分の横に置いていた。盛さんは一瞬「なんだ」という顔をしたが、すぐに意味がわかったらしく、珍しく頬に笑みを浮かべて油のついた手を拭った。それからはいつも熱いタオルを用意するようにした。

ゴマスリではない。

上海鍋の把手は鍋に近いから、長い時間料理をしているとどうしても油まみれになる。熱いタオルで拭いたらさぞ気持ちがいいだろうと思ったら、盛さんのタオルの意味がわかったのだ。

強いて言うならファン心理に近い。

胸のすくような大ホームランを見た子どもが、野球選手のファンになるようなものだ。盛親方の凄さがわかるようになると、なんだか自分まで誇らしくなって、盛さんに憧れるようになった。

「耳はウサギの耳にしろ、背中にも目をつけろ」

最初にそう言われたときは、変なことを言ってると思った。耳を澄ましても、厨房に飛び交う中国語の意味がわかるわけがない。目の前の鍋を洗うのだって大変なのに、背中で起きてることが見えるはずがない。

無茶苦茶を言う先輩に腹が立ったが、言い返すこともできなかった。先輩たちはみんな何歳も年上だ。こっちは子どもで口答えしようにも言葉を知らないから、黙って頷いて鍋を洗うしかなかった。

たぶん、それが良かった。

無言の行ではないけれど、口を開くのは「はい」と返事をするときだけで、朝六時半から夜十一時過ぎまで黙々と鍋を洗う生活を三ヶ月も、半年も続けていたら、不思議なことが起きた。

背中で起きていることが、なんとなくわかるようになった。

突然そうなったわけではない。少しずつ僕が変わった。心の中で逃げ道ばかり探していた頃は、それが雑音になって聞こえなかったのだ。いろんな音が耳に届いてはいたが、何の音か考えたり推測したりする余裕がなかった。

雑音が消えたら、それができるようになった。

中国語は皆目わからなかったが、親方が厨房で使う言葉の種類はそれほど多くはない。何度も聞く言葉は、見当がつくようになる。毎晩机に向かい、その日覚えた料理名をノートにつけていたのも役に立った。ノートに書いた漢字と親方の発音は違うから最初は気づかないが、ある日ふとつながる。そういうことが重なって、菜単にある料理名が聞き分けられるようになった。

言葉だけでなく、厨房のあらゆる音がそうだった。熱した油の爆《は》ぜる音、鍋と玉杓子がぶつかる音、中華包丁がリズミカルにまな板を叩く音……。混じり合ったひとつの騒音だった音がひとつひとつに分離して、それぞれの意味を耳が勝手に聞き分けるようになる。その音と光景が結びついて、背中で起きていることが見え始める。

盛親方が振る鍋の音のリズムが変わり、玉杓子を打ちつける間隔が短くなる。炒め物が仕上がるのだ。鍋についた洗剤を急いで洗い流し、手を拭き、「ユウジ！」と親方から声がかかる前に、積み上げた大皿の山から一枚手に取る。親方が鍋をコンロから持ち上げるタイミングを見計らって、その大皿を親方の手元に滑り込ませる。親方が炒め物を大皿に盛りつけ、僕はその大皿を大急ぎでデシャップ台に運んでホールの係に渡す、洗い場に戻って鍋洗いの続きに取りかかる……。

誰に教えられなくてもそういう動きができるようになっていた。大皿を取ったのはもちろん、さっき親方に入ったオーダーを記憶しておいたからだ。

下働きでも自分で見つけた仕事をするのは面白かった。自分で考えて動くようになったら、さらにいろんなものが見えるようになった。

ウサギの耳と背中の目を手に入れたのだ。

厨房全体で起きていることに意識を向けられるのは、目の前の鍋をそれほど苦労せずに洗えるようになっていたからでもある。

「あ、ちゃんと持ってる」

あの日の驚きは今も忘れない。鍋を手に取ったとき、何かおかしいと思った。何かがいつもと違う。気がつくまでに何秒かかかった。

把手にかけた親指一本と下に添えた四本の指で鍋を持っていた。

親方や先輩と同じ持ち方だった。中華鍋を苦もなく片手で持っていた。見ると親指の付け根にタコができていた。鍋を洗い続けてできたタコ、中国料理人のタコだ。鍋が自分の手の内にすんなり収まるようになって、洗う速度が上がっていた。

中華鍋はもはや天敵ではなかった。

だからといって、何かが大きく変わったわけではない。

僕は相変わらず最下層の下働きで、朝から晩まで鍋洗いだった。変わったとすれば、鍋洗いで先輩を煩わせなくなったことくらい。僕に鍋洗いを教えてくれた先輩は、包丁を使って野菜の下ごしらえをするとか鶏肉を捌くとか、洗い物より少しだけ料理らしい仕事に集中できるようになった。

そのせいかどうか、休憩時間に店から連れ出してくれる回数が増えた。

「ユージ、コーヒー行くぞ」

洗い立てのまっさらな白衣に着替えた先輩が言う。

「はい」

僕は元気よく返事をするが、内心は複雑だ。

コーヒーは苦いだけでどこが美味しいのかわからなかった。何でも好きなものを頼めと言うから、クリームソーダを注文したら怒られた。ただ、それはさほど問題ではない。店の外に出て、気分転換できるだけで嬉しかった。

複雑なのは、綺麗な白衣を持っていないからだ。いつも厨房で着ている、誰か知らない、昔の親方の名前の刺繍が胸に入った、油染みで前が真っ黒になった白衣とは言えない白衣で外出するしかない。何度洗っても油染みは落ちなかった。その格好で赤坂の街に出るのが憂鬱だった。

そういうことに目聡《めざと》いのはだいたい女の人で、喫茶店の女性客やウエイトレスが僕の顔じゃなくて白衣の染みをじっと見ていることがあった。人生であんなに誇りを傷つけられたことはない。

ずっと後のことだけど、初めて料理長を任されたとき、僕は真っ先にスタッフ全員に各人七着ずつ新品の白衣を用意した。

新入りだろうが子どもだろうが、誇りを傷つけちゃいけない。それは厳しくするのとは別の話だ。というより、厳しくするならなおさら誇りを傷つけてはいけない。だから、いつか自分が上になったら、スタッフには一週間毎日洗い立ての白衣で厨房に立たせてやると、それだけは心に決めていた。

まあ、これは余談だ。

話を戻すと、苦いコーヒーを飲みながら僕は先輩にたくさんのことを教わった。親方たちのこと、中国料理のこと、飲食業界のこと。高校に行かなかった僕にとって先輩から知識を吸収するのは学校がわりだった。

人間関係はいいことばかりとは限らない。最初は親方だけでなく、先輩たちも僕ら新人をお客さん扱いした。辞められたら自分の仕事が増えるだけなので、先輩たちは切実だったのだろう。特に最初の何ヶ月かは優しいと言ってもいいくらいだった。その時期を過ぎて、多少のことでは辞めないと見極めがつくと空気が変わる。殴られたり、蹴られたりが当たり前になる。

洗い物やゴミ捨ては、それだけやっていればいいという仕事ではない。慣れれば他の雑用を回されるようになる。もう少し責任の重い雑用を任されるようになって、北京ダックを何羽も黒焦げにするみたいな大きな失敗をする。総料理長にまで「豚の脳みそ」と罵られて激しく落ち込むわけだ。

辣油《ラーユ》の仕込みで大量の唐辛子を初めて切ったときのこと。「ユウジ、目の下に何かついてるぞ」と先輩に言われた。反射的に目の下を擦ったのだが、その後が大変だった。唐辛子の汁が目に入って開けられなくなった。人間関係ができたらできたで、誰よりも若い僕は絶好のいじめと揶揄いの対象だった。「唐辛子を触った手で目を擦っちゃいけないことを、身体で教えてやったんだ」と先輩は笑っていたけれど。

中華鍋を持てるようになったのは、下働きのスタートラインに立てたという話でしかなかった。ウサギの耳と背中の目にしても、超能力でも何でもない、ようやく厨房のお荷物状態を抜け出し、厨房の一員として一人前の（と言うのもおかしいが）雑用を任せられるようなったというだけのことなのだ。

それでもやっぱり、鍋を持てるようになったのは嬉しかった。

あの一年で、いちばん嬉しかったかもしれない。

できなかったことができるようになるのは嬉しい。まして、自分には永遠にできないだろうと思っていたからなおさらだ。

自分で自分の成長に気づくことほど、人を成長させてくれる出来事はない。

つまらないと思っていたことが、自分にこんな大きな変化をもたらしたのだ。面白くないことにも意味があることを、僕は生まれて初めて知った。

厨房での境遇は何も変わらなかったけれど、それでも僕には何よりも貴重な一年だった。先輩との人間関係が生まれ、親方に憧れるようになった。成長する喜びを知って、野生児みたいに育った僕は、ようやく人間らしくなった。

本能で生きる子どもの時代は終わり、僕は一人前の大人として生き始めた。

大人になったらなったで、大人の苦労はあるわけだが。

他にできることがないからではない。

山王飯店の厨房で、結局三年半鍋洗いをした。

翌年の春には新人が入ってきて、鍋洗いを教える側になった。僕のかわりに鍋を洗う後輩ができたけど、新人は去年の僕と同じだったから、任せっきりにはとてもできなかった。三十分もしないうちに疲れて洗うのが遅くなる。焦げを落としきれない。鍋が間に合わなくなる。親方が怒り出す前に、後輩を押し退けて僕が洗う。僕が洗っていた時間の方が長かったかもしれない。そういうことを二年半続けた。

新入りはすぐに辞めていくから、僕が手伝って洗わないと間に合わないのだ。

後輩はできたが、全員が年上だった。

「脇屋さん、十六だったんすか」

すぐに僕の年がバレた。

僕が呼んでも、返事をしなくなった奴がいた。

久々に昔の血が騒いだ。

「おい、表に出ろ」

喧嘩は好きだが、強いわけじゃない。しかも相手は年上で、身体も大きくて、空手までやっていた。前歯が折れて、血が噴き出た。もちろん僕のだ。

僕の血が止まらなくなって、その年上の後輩は降参した。

それからは言うことを聞くようになった。

……。そういう勝ち方もある。

後輩に舐められないために、後輩より圧倒的に仕事ができなきゃいけなかった。鍋洗いでも何でも後輩に負けるわけにはいかなかった。

負けん気に火がついた。

自慢じゃないが、負けん気だけは誰にも負けない。

一秒でも早く鍋を洗うにはどうするか。暇さえあれば考えて、工夫を凝らした。そのうち厨房にいる誰よりも早く鍋を洗えるようになった。

二年目になって後輩ができると、やらせてもらえる仕事が増える。

仕事を教えてくれるわけじゃない。仕事のやり方は誰も教えてくれない。目で見て盗むしかなかった。

「おい、タケノコ切れるか？」

ある日、先輩にそう言われる。もちろん「はい」と答える。ここでできませんなんて答えたら、永遠に鍋洗いだ。

「マッチの軸だからな」

包丁を握った僕の手元を見て先輩が言う。

マッチの軸の太さに揃えて切ったタケノコは、中国料理の基本素材だ。いろいろな料理に使うから、大量に切らなきゃいけない。

新入りに渡されるのは、根元の硬いところだから、包丁が上手く入らない。マッチの軸どころか、鉛筆よりも太いのが何本も混じる。先輩は怒る。

「やめ、やめ。お前にゃまだ早いわ、ぜんぜんできねえじゃねえか」

やったこともないのにできるわけがない。「はい」と答えた自分も悪いが、硬い部分を渡したからには、できないのは先輩だって承知のはずだ。クソッと思う。

翌朝思い切り早起きして、まだ暗いうちに厨房に忍び込む。タケノコの一斗缶を開けて、先輩の包丁捌きを思い出しながらタケノコを何十本もマッチの軸にした。切ったタケノコはボイルして下ごしらえの寸胴に混ぜて誤魔化す。

これを毎朝やった。

「もう一回、タケノコ切っていいですか?」

仕上がりを見て、先輩が目を細める。なぜ切れるようになったかは聞かない。朝早く厨房でゴソゴソやっているのを知っていたのかもしれない。とにかく仕事ができさえすれば、その日から仕事をもらえた。

切れるようになったら次はスピードだ。一分でも一秒でも早く手際良く切れるように工夫と練習を重ねた。生姜の千切りも、ネギの細切りも、搾菜《ザーツアイ》の薄切りも、「糖醋《タンツー》鯉魚《リーユイ》」でさえ、そのやり方で覚えた。

一匹の鯉の片面に五本ずつ包丁で切れ目を入れ、塩胡椒をして片栗粉をまぶし、高温の油で揚げると、まるで花が咲いたように鯉の身が開く。どうしてもやってみたかったのだが、鯉に包丁を入れるのは一番板の仕事だからやらせてもらえるわけがない。早朝の厨房で、一人でこっそりやるしかなかった。大成功だったが問題があった。「悪事」の痕跡を消すために、鯉を丸ごと一尾食べるのは並大抵のことではないのだ。痕跡さえ消せば誰にも気づかれなかった。「糖醋鯉魚」は当時の人気料理で、親方たちは毎日何十尾も鯉を揚げていたから、厨房にはいつも大量の鯉が用意してあった。エビや鮑の数はきっちり数えていたが、鯉はノーチェックだった。

三年であの厨房で学べる限りのことは学んだ。

学べることがまだたくさんあるのはわかっていたが、もっと先に進みたかった。

僕は十八歳で山王飯店以外の世間を知らなかった。

鍋を振れるのは、まかない料理を作るときだけだった。

親方から直接料理を教わることはついになかった。

それでも先輩たちには負ける気がしなかった。

包丁は誰よりも早くて正確だったし、鍋を振れば誰よりも高く炒飯を放り上げられた。盛親方が鍋を振るリズムも、調味料を入れるタイミングも、料理によって片栗粉を巧妙に使い分けるやり方も、全部自分の目で盗んだ。山王飯店の菜単にある二百一品のグランドメニューの味つけも覚えた。僕が作るまかない料理は、仲間内でいつも人気だった。

自分ではそう思っていたということだけど。

思い上がっていたのは間違いない。若気の至りもはなはだしい。

けれど、三年経って気づいたことがある。

自分はこの仕事が好きなのだ。

中国料理こそ、僕を生かす「この道」だった。

他にできることがないからではない。この道を登っていけば、僕はいつか必ず僕が辿り着くべき場所に辿り着く。心の奥で、何者かが僕にそう囁いたのだ。

そのためには硝子の天井を突き抜けなきゃいけなかった。

硝子の天井を壊す方法。

親方が中国人だけなのは知っていた。

最初は切実な問題ではなかった。

自分には関係のない話だと思っていたから。

三年経ったらそうも言っていられなくなった。

僕の最初の中華包丁は、先輩の大貫さんからのお下がりだった。大貫さんが新しい包丁を買ったので、それまで使っていた包丁を僕に譲ってくれたのだ。

大貫さんの中華包丁はずいぶん減って、鋼の部分がなくなりかけていた。砥石で削った鋼の量が、大貫さんが板場で過ごした時間の長さを物語っていた。

大貫さんは四番板だった。板場は食材を切る仕事。厨房の花形の鍋屋がピッチャーだとすれば、板場はキャッチャーの役回りだ。食材をどう切るかは大切な原価率に関わる。それが読めるしっかり者でなければ務まらない仕事だ。大貫さんはその板場の四番目で、先輩たちの中ではほぼ最高位だった。

板場に入るか鍋屋になるかは本人の希望だが、日本人でも比較的出世できるのは板場だった。それでも大貫さんの上に日本人はいなかった。一番板は板場の親方だからもちろん中国人で、二番板も三番板も中国から来た料理人だった。

僕は三年目にケツ板と言って、板場のいちばん下に入って野菜を切ったり肉をバラしたり、食材の下ごしらえをさせてもらえるようになっていたけれど、それより上に行くのは難しかった。


出世に興味があったわけじゃない。

料理が作りたかった。人気《ひとけ》のない早朝の厨房で練習するだけでは、もの足りなくなった。堂々と厨房で、お客さんに出す料理を作りたかった。

中国人に生まれていればと何度も思った。中国人の料理人を親に持つ新入りは、鍋洗いをロクにしない。最初から包丁や鍋の修業を始める。僕は三年半鍋を洗ってもまだ下働きで、いつまでこれが続くかもわからなかった。

硝子の天井を破る方法が、わからなかったのだ。

盛親方にもわからなかった。

いつも熱いタオルを用意していたからか、仕事が早いからかはわからないが、盛さんは僕を可愛がってくれるようになった。僕が厨房にいないと盛さんの機嫌が悪くなるから、なるべく休むなと先輩に言われたくらいだ。その盛さんをもってしても、どうすることもできない問題だった。

理不尽だけど、お客さんの気持ちを考えれば無理もない。

これは日本人の握る鮨屋と外国人の握る鮨屋が並んでいたら、どちらの店が流行るかという話と同じだ。鮨でなく中国料理なのだから、中国人が有利に決まっている。

そんな簡単なことも考えずに、この道へ踏み込んでしまった。親父がどう考えていたかはわからない。こういう困難があると筮竹《ぜいちく》(易占に使用する竹製の棒)は告げていただろうか。食神がついているから問題はないと占いに出たのだろうか。

僕の話をすればポイント・オブ・ノー・リターン、回帰不能点を過ぎてしまっていた。まだ二十歳にもなっていなかったから、道を変えることはいくらだってできたはずだが、自分の気持ちとしてそれはあり得なかった。

あの三年間があまりに濃密だった。三年間毎日急な階段を登り続けたみたいなものだ。もし振りかえって見下ろしたら、あまりの高さに目が眩んだだろう。階段のいちばん下まで降りて、またこの高さまで登るなんて考えたくもなかった。

そして何よりも、僕は中国料理を知ってしまった。表も裏も。まだほんの入り口に立っただけなのに、想像もしていなかったほど豊穣な料理の世界があることを知ってしまった。親方たちにはまだ遠く及ばないけれど、僕はその奥深い世界に分け入る道具をこの三年で身につけた。三年で僕は違う人間に生まれ変わった。左手の親指の付け根には、分厚いタコまでできた。中国料理は今や僕の血肉だった。

他の道を行くことなど考えられなかった。

ところがその道、これから僕が一生かけて歩いていく道のすぐ先に、硬い硝子の天井があって、どうしたら破れるかがわからなかった。

僕だけでなく、盛親方にも、たぶん他の誰にもわからなかった。

そもそも未熟な日本人の見習いが、中国から来た親方たちの壁を乗り越える方法など果たしてあるのだろうか。

僕は親父のように未来を見通す道具が使えない。未来は混沌としていて何も見えなかったけれど、ひとつだけはっきりしていることがあった。

ここで止まったら終わりなのだ。

ここで前に進むのをやめたら、僕の〝この道〟は中国料理の見習いで終わる。

動き続けるしかなかった。

この道を行くと言っても、僕の前に道はなかった。

日本人の先輩たちは誰一人、僕が行きたいところに行っていないのだから。

道のない荒野《あれの》を行く人のように、とにかく歩き続けるしかない。先に何があるかはわからないが、自分が行ける限りのところまで行ってみるしかなかった。

そこまで行けば状況を動かせるかもしれない。

違う世界が見えるかもしれない。

だから三年が過ぎたとき、『山王飯店』を辞めることを決めた。

それからの七年間で、五回店を変わった。

Column 3

中国の四大料理

北京料理

元、明、清と中国の歴代王朝が都とした北京で発達した宮廷料理と、山東省や河北省など近隣の地方料理が融合した料理。日本では北京ダックが有名だが、現地では羊肉（ジンギスカン）をはじめとする羊料理が人気。

四川料理

揚子江の上流域にあたる四川地方で発達した料理。盆地で「鳥が落ちる」ほど夏が暑いため、辛味や酸味を際立たせた料理が多い。料理名に「宮保」や「魚香」とついたら四川料理。宮保はピリ辛炒め、魚香は辛み煮込み。

上海料理

揚子江河口に位置する上海は、早くから近代化が進んだ。川や海の食材が豊富で、西洋料理の影響も受けやすかったため、豊かな食文化が花開いた。現代中国料理の縮図。醬油や砂糖を使った味の濃厚な料理が多い。

広東料理

中国南部の香港やマカオ、広東省を中心とした地域で発達した料理。世界中に最も広まった中国料理でもある。フカヒレや鮑をはじめとする乾貨を使った料理や、仔豚の丸焼きなどの焼き物料理でもよく知られている。

第4章

魯山人の末裔

僕が昼寝をしていても親方は怒らなかった。

『山王飯店』を離れて三年の間に三軒の店で働いた。

深く印象に残っているのは、自由が丘にあった『楼蘭《ろうらん》』という店だ。

中国料理店の格は菜単でわかると前に書いた。

赤い表紙の分厚い菜単は、当時の高級中国料理店の代名詞みたいなものだ。

菜単にずらりと並んだグランドメニューは、客が望めばいつでもテーブルへと運ばれる。「北京烤鴨《ペイチンカオヤア》」も、「紅焼鮑魚《ホンシヤオポウユイ》」も、「燕窩《イエンオウ》」も、「宮保田鶏《ゴンバオテイエンチイ》（カエルの辛味炒め）」も。つまり窯で黄金色に焼き上げた家鴨も、七日かけて戻して煮込んだ鮑も、岩燕の巣のスープも、カエルの唐辛子とナッツ炒めも、当店の厨房はすべての料理をご用意できますということだ。

そのためには各種珍味佳肴を仕入れるのはもちろん、熟練した料理人を、鍋屋も板場も焼物師も点心師も、必要十分なだけ厨房に雇い入れなければならない。

グランドメニューを見れば、厨房の実力がある程度は推し測れるのだ。

『山王飯店』のグランドメニューは二百一品。

『楼蘭』は二百九十三品あった。

『楼蘭』に移ったのも、グランドメニューの数が大きな理由だった。

少なくとも僕の知らないメニューが九十二品はあった。

グランドメニューがこんなにある店は、世の中にそれほど多くはない。しかも厨房には中国大陸や台湾から招聘した熟練の厨士がずらりと揃っている。人口の多い大都会にしか存在しない、かなり特殊な店なのだ。

僕は真っ白な状態でそういう特殊な店に放り込まれ、そこで基本を叩き込まれたものだから、それが普通だと思っていた。

日本中にたくさんある街場の中華料理店は僕の目には入らなかった。

菜単が分厚い店ほど学べることが多いと思っていたし、自分の能力はそういう店でこそ発揮できると信じていた。

その思い込みのせいでさんざん苦労もしたし遠回りもしたけれど、その苦労と遠回りが思わぬ形で僕の人生を変えることになる。

若いうちの苦労は買ってでもしろと昔の人は言ったけど、その通りだと思う。

『楼蘭』の王春海《おうしゅんかい》総親方は、人間的で度量の大きな人だった。

厨房の実力は正直言って『山王飯店』が上だった。それは料理人同士並んで包丁を使ってすぐにわかった。

野菜の下ごしらえにしても肉をバラすにしても、当たり前だと思っていた『山王飯店』の親方が要求する水準が、並外れて高かったことを知った。

そのかわり『楼蘭』の厨房はチームワークが良かった。

料理人同士の仲が良くて働きやすい。王親方は仕事熱心だけど、仕事だけが人生じゃないという人だった。

そういう厨房の雰囲気と、王親方の人柄が『楼蘭』の料理の味になっていて、僕はこの店の料理が大好きだった。テクニックだけではない、料理のもうひとつ重要なことを僕はこの店で学んだ。

王親方にも、なぜか可愛がられた。

僕にもし特技があるとしたら、中国人の親方に好かれることに違いない。行く先々の親方たちに可愛がられた。

会話は親方の片言の日本語だから、たくさん話をするわけではない。言葉だけではそれほど複雑な話はできないけれど、料理という共通言語を使って、親方たちはたくさんのことを教えてくれた。

王親方はまるで息子のように、僕に接した。店に入ったときは三番板のポジションだったが、前菜でも焼物でも、僕が興味を持ったことを何でも手伝わせてくれた。仕事をさせてくれただけでなく、僕が昼寝をしていても王親方は怒らなかった。その話は先輩に聞いた。

「裏で昼寝してるの見つけたから俺が起こそうとしたら、オヤジがユウジは疲れてるんだから起こすなって」

これが他の誰かだったらどやしつけられたに決まってるのに。なんでお前だけ、と先輩の目が言っていた。

僕にも理由はわからなかった。仲間から、親方に依怙贔屓されていると思われるのが心外だった。

自分が人を教える立場になって、親方たちの気持ちが想像できるようになった。親方たちは嬉しかったんだと思う。

僕が一所懸命だったから。

僕は必死だった。

野球選手に憧れた子が、自分も野球選手になることを夢見るように、僕も親方のようになりたいと思った。料理長になって、自分が思うように料理を作りたい。日本人が料理長になるなんてあり得なかったから、余計にそう思った。七年間で五回も店を移りながら、ひとつでも上のポジションを狙った。ポジションが上がればより難しい料理を任されるようになる。

以前は鯉を丸揚げにして天下を取ったような気でいたけれど、あれは三番鍋の仕事だった。もっと難しいのはたとえば魚の煮込み料理で、一番鍋の親方はこの仕事を他の誰にも任せない。

そういうことを知ると、自分でもやってみたくなる。

あの魚の照りを出すために、親方が何をしているか。

目の片隅で観察して、誰もいない厨房で練習する。

そんなことばかりしていた。

寝る時間を削ってでも上手くなろうとした。

楽をしようと思ったことは一度もない。

親方はそういうことを知っていたのだろう。その場を見なくても、厨房での目つきや動きを見ていればわかる。

『楼蘭』に入ったとき、僕はまだ十八歳だった。自分の子どもくらいの年の若者が、そんなに必死で何かを学ぼうとしていたら、応援してやりたくなるものだ。自分も苦労をしていたらなおさらだろう。

親方たちの世代は、少年時代にこの世界に入るのが普通だった。まだ遊びたい盛りの子どもが大人に混じって働く辛さを知っている。僕が十五で厨房に入ったと知って昔の自分を思い出したのかもしれない。

昔の自分みたいな奴が健気に働いているのを見て、きっと嬉しくなったのだ。


結婚したのも王親方の店にいた時代だ。

妻の両親は結婚に反対だった。

僕は十八歳で、一般的に言えば結婚するには少し早かったし、しかも情けないくらいの安月給だったから、彼らが反対したのは無理もない。

けれど僕は十五歳で家を出てからずっと家庭の温かさに飢えていたから、少しも早いとは思わなかった。

妻は資生堂に勤めていたし、二人で一所懸命働けばなんとか暮らしていける。そう話して頼んでも、彼らは許してくれなかった。

「どちらかが病気でもしたらどうするつもり？　貯金はどれくらいあるの？」

これも今思えば、娘の親としては当然の心配だった。もちろん僕には貯金なんて一銭もなかった。けれど僕は若くて青臭かったから、僕にお金がないことを理由に結婚に反対する妻の両親に腹を立てた。

「人間をお金で判断するんですか？　それならもういいです。この話はなかったことにしてください」

そう言い捨てて、僕は妻の実家を飛び出した。

そこまでは良かったが、問題があった。妻の実家は埼玉県の鴻巣《こうのす》市で、終電の時間はかなり前に過ぎていた。宿に泊まるお金など持っていない。頭に血が昇っていたものだから、何十キロでも歩いて東京に帰るつもりだった。

真っ暗な国道十七号をとぼとぼ歩いていたら、妻の両親が乗った自家用車に追いつかれた。家を飛び出した僕を心配してようやく捜しあてたらしい。「頼むから、今夜は家に泊まっていきなさい」と言われたけれど、僕は断った。「せめて大宮まで送らせてほしい」と懇願されて、大宮まで送ってもらった。

これで結婚の話は終わったと覚悟をしていたのだけれど、しばらくして妻が家出をして僕のアパートで暮らし始めた。すぐに両親に連れ戻されたのだが、同じことを繰り返した。妻の両親が二度目に連れ戻しに来たとき、たまたま僕の母親がいて、妻の両親に二人の結婚を認めてくれるように頼んでくれた。

そういうことがあって、僕は十八歳で結婚した。

だから、いつまでも見習いでいるわけにはいかなかったのだ。

王親方は可愛がってくれたけど、それでもどうしようもないことがあった。

僕が親方になることはできなかった。

硝子の天井を破る方法が見つからなかったのだ。

それでもとにかく行けるところまで行ってみようと、道なき道を歩き、岩に取りつき、崖をよじ登った。

そして辿り着いたのが、東京ヒルトンホテルの『星ケ岡《ほしがおか》』だった。

ビートルズのホテル。

『星ケ岡』の厨房に入ったのは一九七九年、二十一歳のときだ。
当時永田町二丁目にあった東京ヒルトンホテル内の中国料理店だ。
ただの中国料理店ではない。
『星ケ岡』と聞いて思い当たる読者もいるかもしれない。
ちょっと、ややこしい話をする。

星を見るのに絶好だったことから、星の山と呼ばれた丘が江戸時代にあった。場所は僕の古巣の『山王飯店』のすぐ近く、元々は日枝神社の神域だったらしい。明治になってここに一棟の茶寮が建立され、政財界の名士の社交場として利用されていたが、大正の末に北大路魯山人の主宰する会員制料亭として名を馳せるようになる。これが日本の美食史に残る『星ケ岡茶寮』だ。残念ながら東京大空襲で焼失してしまうのだが、戦後に再建され、東急グループ総帥の五島慶太氏の計らいで高級中国料理店『星ケ岡茶寮』として再スタートする。一九五六年のことだ。鉄道王は星ケ岡の名を惜しんだに違いない。

東京オリンピック前年の一九六三年六月に、この『星ケ岡茶寮』のあった土地に開業したのが東京ヒルトンホテルだ。東京急行電鉄（現東急グループ）とヒルトンホテルズ・インターナショナルが運営委託契約を結んだ日本初の外資系ホテルだった。茶寮は廃されたが、『星ケ岡』の名は東京ヒルトンホテルに引き継がれた。『星ケ岡』は、美食家魯山人につながる由緒ある店だった。

『星ケ岡』はそれまで僕が働いたどの中国料理店とも違っていた。

赤い表紙の分厚い菜単のほかに、お洒落なメニューがあった。

百品も二百品もあるグランドメニューをすべて載せるために細かい字でぎっしりと料理名が書かれているのが高級中国料理店の菜単なのだが、『星ケ岡』の菜単は半分が古い中国の絵画で占められていて料理は一頁に五品くらいしか載っていない。

その料理は洗練されていて、軽やかで、どこか都会的な華やかさがあった。そうでありながら中国料理を知っている人なら、確かな中国料理の技術を持つ料理人が手間をかけて作っていることがわかる。出汁ひとつでも、昔ながらの方法にこだわって時間をかけて丁寧に取る。そういう料理だった。

だからホテル内のレストランでありながら、旅行客よりも常連客の方が多かったくらいだ。常連客の中には、日本に暮らす外国人も数多くいた。『星ケ岡』の味は、日本人、外国人を問わず、多くの顧客に愛されていた。

実を言うと、僕が『山王飯店』の調理場にいた頃、東京ヒルトンホテル側から『星ケ岡』の総料理長に盛親方をスカウトする話が来たことがあったのだ。盛親方も一時は乗り気で、僕にも一緒に来るように言ってくれていた。最終的には条件が折り合わなくて、盛親方はその話を断ったのだが、結局はその『星ケ岡』で働くようになったことに、僕は不思議な縁を感じた。

その厨房で四年働いた。

開業から三年目の一九六六年には初来日のザ・ビートルズが宿泊して日本中に名を知られ、翌年には当時世界で爆発的な人気だったツイッギーが記者会見をしてまた大騒ぎになり……。

東京ヒルトンホテルそのものが時代の寵児のようなホテルだった。

その時代からは十年余りが過ぎ、老舗国際ホテルとしての落ち着きを備えるようになっていたが、二十一歳の若者としては一流ホテルで働けるのが嬉しかったし、今まで自分が知らなかったさまざまなものに好奇心が湧いた。落ち着いた風格のあるホテルの建物にも、垢抜けたインテリアにも、一流のサービスにも心を奪われた。

いちばん刺激を受けたのはフレンチレストランだ。厨房が『星ケ岡』と隣あっていたこともあって、ちょっとでも暇になると覗きに行っていた。

料理といえば中国料理しか知らなかったから、フランス料理の厨房がとにかく新鮮だった。包丁も鍋も形が違う、材料の切り方も、火の入れ方も違う。料理の温度に対する考え方も違えば、料理の盛りつけ方も違う。使う食器もぜんぜん違っていた。

中国料理の世界では『星ケ岡』のような洗練された店でも、料理を盛りつける食器は基本的に大、中、小の三種類と決まっていた。それも楕円形の白皿ばかりだ。

料理が出来上がったら中華鍋からその白皿に盛って客席に運び、一人一人に取り分ける。料理は大皿に盛りつけて、客前で小分けするのが中国料理のスタイルだ。

フランス料理は違う。

厨房で料理を一人分ずつ皿に盛りつけ、それから客席に運ぶ。

その盛りつけに、料理人の感性とセンスを込める。

料理を盛りつける食器も、さまざまな色や形のものを使う。

だからフランス料理は美しい。

中国料理にも前菜を絵画のように盛りつける飾り盛りがあって、前菜師がその技を競ったりもする。それも美しくはあるけれど、一皿ごとの盛りつけに精魂を傾けるフランス料理に美しさの軍配は上がると思った。

どの料理も同じ白いお皿に盛るのではなく、フランス料理のようにもう少しお皿にも凝って、盛りつけも工夫すればいいのに。

そう思って先輩に話したら、言下に否定された。

「そんなことしてたら料理が冷めるだろ」

大、中、小の三種類しか皿がないのは、中国料理の皿は料理をのせて運ぶ役割を果たせば十分だからだ。出来立ての料理を、中華鍋からさっと盛りつけて大急ぎで客前に運び、サービスマンが手際良く取り分けるから、熱々の料理が食べられる。

中国料理は温度が命なのだ。『星ケ岡』のような高級中国料理は特にそうだ。客が口に運んだときの料理の温度を、中国料理は大切にする。フランス料理はそこまで料理の温度にこだわらないから、綺麗に盛りつけられるのだ。

説明されれば、確かにその通りだ。

納得するしかなかった。

正直に言えば、気持ちのもやもやは消えなかった。

いつか絶対にやってやろうと思った。


子どもの頃から誰かが何かをしているのを見ると、自分ならこうするんだけどと思いつくことが多かった。

料理のことになると特にそういうことがよくあって、親父が炒飯やラーメンを作るのを見て僕にやらせてと言ったのも、今思えばそれだった。

大人に混じって働くようになってから、この性格はずいぶん矯められた。

「それは、自分が上の人間になってからやれ」

包丁をくれた大貫先輩のように親身になってくれる先輩が何人かいて、そうたしなめられることが何度もあった。

僕の悪い癖に、先輩たちも気づいていたのだ。

白衣のこともそうだけど、自分はこうしたいというアイデアがすぐ浮かぶ。アイデアが浮かんだら、それをやってみたくなる。

子どもの頃は、思いついたら何でもすぐにやった。上手くいくこともあれば、いかないこともある。上手くいけば次もそれをやる。上手くいかなければ、別のやり方でやってみる。それでたいがいのことは上手くいった。

親方や先輩の下で働くようになって、それがトラブルの元になることを知った。上の人間になってからやれ、という言葉に救われた。

今じゃなくて、いつか上の人間になってからやればいいんだ。

そう思って、我慢するようになった。

修業している間に、「いつか上の人間になってからやること」がたくさんできた。

『星ケ岡』の厨房で働き始めて四年目に、転機が訪れた。

ヒルトン東京が、新宿に開業することになったのだ。

先ほど書いたように、日本の東急グループとアメリカのヒルトンホテルズ・インターナショナルが運営委託契約を結んで一九六三年に開業したのが、東京ヒルトンホテルだった。

その運営委託契約は二十年契約だった。簡単に言えば、両者はその契約満了の一九八三年をもって契約を更新しないという道を選んだのだ。

ヒルトン側は、新都心へと変貌しつつある新宿西口に新しく地上三十八階建ての大型ホテルを建設し、ヒルトン東京を開業させることになった。

東急グループは、東京ヒルトンホテルをキャピトル東急ホテルに名称変更し、東急ホテルチェーンのフラッグシップホテルとすることを決めた。

細胞が二つに分裂するみたいに、ホテルが二つに分かれたのだ。

『星ケ岡』のスタッフも、二手に分かれることになった。

新宿西口に新しく建設されるヒルトン東京で開業する『王朝《おうちょう》』の厨房に入るか、元の永田町のキャピトル東急ホテルの『星ケ岡』の厨房に残るか。

この選択を迫られたとき、僕は実質的には厨房の三番目のポジションにいた。僕の上には中国人の総料理長と料理長がいるだけだった。

二十代の日本人の中国料理人としては破格と言ってもいいかもしれない。

上の二人、総料理長と料理長は新天地ヒルトン東京の『王朝』を選んだ。僕は古巣のキャピトル東急ホテルに残ることにした。

上の二人との関係は上手くいっていたし、たくさん学ばせてもらったけれど、この機会に二人の下を離れた方が何か新しいことが起きる気がしたのだ。

料理人とプライド。

それで自分が料理長になれると思ったわけではない。

旧東京ヒルトンホテルをキャピトル東急ホテルに改め、営業を開始したのは一九八四年一月からだが、僕はそのときまだ二十五歳だった。

日本人ということを抜きにしても二十五歳は若かったし、若いということを別としても僕は日本人だった。いつか料理長になりたいと思ってはいたけれど、それが今でないことは自分でもわかっていた。

だからホテル側が二人の料理人を連れて来て、料理長と副料理長に据えたときも特に驚きはなかった。

上の人間が誰になろうと、今までと同じように仕事をするだけだと思った。

ところが、そうはいかなかった。

常連客から料理にクレームが入るようになった。

サービスのスタッフが厨房に伝えるクレームの内容はどれもほぼ同じだった。

「料理の味が変わった」と、言うのだ。


ホテルの名が東京ヒルトンホテルからキャピトル東急ホテルに変わっても『星ケ岡』の味は守り続ける。

キャピトル東急ホテルはその方針を大々的にアピールしていた。

多くの常連客に愛される料理店としては当然のことだった。

新しい料理長にもその方針は伝えてあった。

今までの味についても詳しく説明してあったし、常連客に人気の高い店の定番メニューについては実際に目の前で作って見せてもいた。

中国料理では計量をほとんどしない。だから小さじ何杯とか、何ccみたいなレシピは基本的には存在しない。調味料の量は玉杓子のすくい加減で決まる。あくまでも料理人の感覚なのだ。

だから言葉で正確にレシピを伝えるのには限界がある。けれど、料理人同士目の前で作って見せれば必ず伝わるはずなのだ。

料理長はその通りの料理を作らなかった。

腕の問題ではない。

厨房に戻された料理は美味しいのだ。ただ、かつての『星ケ岡』の味とは微妙に違う。僕にはそれがわかったし、常連客にもわかったのだ。誰にでもわかる味の違いではない。

単に美味しいものを食べるためではなく、『星ケ岡』のあの料理が食べたくて来てくださったお客さんにだけ、はっきりとわかる味の違いだ。

『星ケ岡』は上海料理で、新しい料理長は四川系の料理人だった。

上海と四川では、同じ料理でも作り方も味つけもかなり違う。

それでも彼なりに、『星ケ岡』の料理に合わせる努力はしたはずだ。

同じ味を目指したのに完全に再現することができなかったのか、あるいは最もありそうなのは、いちばん重要な部分で彼は四川のやり方を貫いたのだ。

本人に話を聞いたわけではないので確かなことは言えないが、たぶん後者だ。それは彼の料理人としての誇りに関わる問題だから。

何もかも指示された通りに作らなければいけないなら、自分がいる意味はない。

それは料理人としてのプライドの問題だった。

料理長は頑として、料理を作り直そうとしなかった。

とばっちりを受けたのはクレームを伝えに来た黒服（サービス係）で、客と料理長の板挟みになった。

見かねて、僕が作り直した。

客は僕の料理に満足した。

「これが食べたかったんだ」と礼まで言われた。

それは奇跡でも何でもなかった。ついこの間まで『星ケ岡』で自分が作っていた料理を作っただけなのだ。

そういうことが何度もあって、そのうち黒服が僕のところに直接クレームを持って来るようになった。

料理長に話を通さずに、料理を作り直すことに抵抗がなかったわけではない。けれど『星ケ岡』の味を守ることを大々的に打ち出している以上、それは店と客との約束だった。かつての店の味を知る僕が作り直さないわけにはいかなかった。

それができなければ常連客を失うだけでなく、世間に『星ケ岡』の味が落ちたことを喧伝するようなものだった。

料理長が面白いわけがない。自分の料理を、自分に何の相談もなく下の人間が片っ端から作り直しているのだから。そんなつもりはまったくなかったのだけれど、結果として僕は彼らの面子を潰していた。

彼らとの間は、どんどん険悪になった。

僕はできる限り低姿勢でいたのだけれど、料理の作り直しだけはやめるわけにはいかなかった。

料理長と副料理長がホテルの上層部に訴えた。彼らからすれば、僕がやったことはある種の反乱だった。

大事《おおごと》になった。

「自分たちを取るか、脇屋を取るか、決めてくれ」

とうとうホテルの総支配人に話が行って、会議が開かれることになった。

これも僕の想像でしかないが、料理長は結論を予想していなかったと思う。彼は自分から望んで来たわけではない。ホテル側がマンションの部屋まで準備して、遠い九州から料理長を招聘したのだ。料理長として腕をふるってもらうために。

しかも彼は経験豊かな中国人の料理人で、僕は日本人の二十六歳の駆け出しの料理人でしかなかった。

ところが総支配人が選んだのは僕だった。

苦しい選択だったと思う。料理長と副料理長は出ていくことになり、さらに彼らが連れて来た点心師と焼物師と、その他何人かの中国人料理人も失うことになった。

それでも『星ケ岡』の味を守ることを優先させたのだ。

「どうしたもんだろうね」

総支配人に相談された。

総料理長が不在のまま営業を続けるのは、指揮者もコンサートマスターもいないオーケストラに演奏させるようなものだ。

総支配人が僕に持ちかけたのは、辞めてもらった総料理長のかわりになる料理人の心当たりはないかという相談だった。

「探してみます」と、僕は返事をした。

僕の心に浮かんだのは、『楼蘭』の王親方の顔だった。顔の広い人だし、王親方自身は揚州の人だけど、上海系の料理人もよく知っているはずだった。

思った通り王親方は適任者を紹介してくれた。昔東京で一緒に仕事をした腕のいい料理人が、今埼玉にいると言う。

すぐに会いに行った。孫《そん》さんという人だった。

上海系の料理人で、味つけの感じも似ていた。何よりも、話を聞く人だった。

孫さんに料理を作ってもらって「ここの味つけはこうしてもらえますか」と僕が指摘してみたら、「よし、わかった」と二つ返事だった。

それでいて「言う通りこうしてみたけど、ここはこうしたらどうかな?」と、こっちの話をちゃんと聞きながら、自分からも提案していろいろ試してみてくれる。その上で、「よしこれで行こう」と判断も下せる人だった。本人の持ち味を十分に生かしてもらいながら、『星ケ岡』の味を守るというミッションに協力して取り組むのに理想的な総料理長だった。

僕は総料理長のみならず、点心師も前菜師も、必要な人材を集めて『星ケ岡』という大きな箱を動かすことになった。今思えば二十代半ばで、よくできたなと思う。

総支配人は僕に、オーバーテイクスーパーバイザーと料理長補佐という二つの肩書きをくれた。あの時期に僕が果たしていた役割を、肩書きで裏書きしてくれたのだろう。平たく言えば、一番鍋の分際で総料理長にあれこれ意見できるようにしてくれたわけだ。

苦肉の策という気もしたけれど、僕自身もそれで文句はなかった。僕がやっていたのは実質的には総料理長の仕事だったけれど、僕がそのポジションを要求できるようになるのはまだずいぶん先のことだ。

他ならぬ僕自身がそう思っていた。そんなことより厨房の雰囲気は良くなったし、仕事は格段にやりやすくなった。

そして何よりも、常連客からのクレームがなくなった。

僕としては、それで十分だった。

こうしてキャピトル東急ホテルの『星ケ岡』は順風満帆の航海を始めた。

そんなある日のこと、一人の常連客から僕に相談が持ちかけられた。

料理人を紹介してほしいという。


馬場とよ子さんという、女性実業家だった。

キャピトル東急ホテルのすぐ前のパレ・ロワイヤルという高級マンションにご主人と住んでいて、お二人とも実業家だった。

郊外に新しいホテルを建設中で、中国料理店を作る計画がある。料理長をやってくれそうな料理人に心当たりはないか、というのが相談事だった。馬場さんはそのホテルのオーナーで、社長として経営に携わることになる。

常連客とはいっても、僕は厨房にいて客席に出ることはないから、馬場さんと面識はなかった。僕のことは黒服から聞いたと言う。クレームのついた料理を僕が作り直していたことを知っていた。今の総料理長を僕が探してきたことも、誰かからこっそり聞いていたのかもしれない。

先輩にも相談して、何人かに声をかけたのだが、なかなか条件に合う料理人が見つからなかった。

料理長を引き受けるということは、その人一人だけの問題ではないからなかなか難しいのだ。僕の知っている範囲に適任者はいなかった。他をあたってもらうしかないと言ったのだが、馬場さんは諦めなかった。

「それなら脇屋さん、あなたがやる気はない？」

湯《タン》

中国料理の湯は料理の土台、日本料理の出汁と同じ役割を果たす。毛湯（マオタン）、上湯（シャンタン）、清湯（チンタン）など種類がいくつもあり、作り方も使い方も店によって違う。最近は挽き肉から簡単に作った湯を使う店が増えたが、僕の店では昔ながらの方法を守っている。挽き肉の湯も美味しくはあるのだが､味の奥行きがまったく違う。手間と時間がかかるから家庭料理向けではないけれど、だからこそ僕の店では守りたい。

毛湯《マオタン》

豚骨と老鶏のぶつ切りをそれぞれたっぷりとした熱湯で灰汁をすくいながら30分以上湯がいてから、流水にあててきれいに洗う。寸胴にゆがいた豚骨と老鶏、鶏ガラ、長ネギ、生姜などの材料と水を入れて強火にかけ、沸騰したら火を弱め、灰汁を丁寧に取りながら、鍋底からポコッポコッと泡が立つ程度の火加減で3〜4時間かけてゆっくりと炊く。湯が濁るので決して煮立てないこと。炊き上げた老鶏や豚骨を取り除き、湯を静かに濾す。この毛湯を煮立てると白湯になる。

上湯《シャンタン》

基本的な作り方は毛湯と同じ。ただし使う材料が違う。豚脛肉、老鶏、そして皮と脂を除いてぶつ切りにした金華火腿。芳醇な旨味が特徴で、僕の店のフカヒレ料理には欠かせない存在。この上湯の材料にさらに干し貝柱を加えて作る頂湯《ディンタン》というコクを前面に出した濃厚な湯もある。僕なら、鼈のスープを作るときには頂湯を使う。

清湯《チンタン》

上海料理で使われる特別な湯。基本的な材料は水と丸鶏。吟味した上質な丸鶏を蒸し上げる。蒸した丸鶏をザルに上げ、そこから滴るエキスを湯として客に供する。鶏の淡く純粋な旨味のみを味わう清らかなスープ。

第5章

砂利道のホテル

私はあなたのやることに口は出さない。

リーセントパークホテルまで国鉄（当時）立川駅から歩いて7分だった。

「とにかく、一度見に来てくれませんか。それから話しましょう」

馬場さんがそこまで言うので、とりあえず来てみた。

それだけのことだ。

ホテルの所在地が立川と聞いて、自分がやることはないだろうと思った。

料理長をやってみないかという誘いには心を揺さぶられた。いつかはと心に期してはいたが、こんなに早く実現するとは思っていなかった。

正直に言えば、飛び上がるほど嬉しかった。夢かと思った。

立川と聞いてあっさり夢が醒めた。

現在の立川ではない。

国鉄民営化の二年前、一九八五年の立川だ。

立川駅前の再開発が進み伊勢丹が現在の場所に移転するはるか以前のことだ。駅から歩いて数分の場所にあったそのホテルまでの道が舗装されていない砂利道で、車が走ると土煙が立った。

その向こうの昭和記念公園まで、見渡す限り何もない空間が広がっていた。

西部劇の荒野のようだ。

こんなところでは、無理だと思った。


リーセントパークホテルは、カフェにレストラン、結婚披露宴のできる大きな宴会場を備えていた。

メインダイニングはフランス料理で、二階の広い一画を占めていた。

三階にもスペースがあって、そこを中国料理店にする計画だった。

馬場さんはフランス料理以外にも選択肢を作りたいと言った。『星ケ岡』の料理を食べて思いついたのかもしれない。

馬場さんには申し訳ないけれど、この話を受けるつもりはなかった。

「ごめんなさい。やっぱり僕にはできません」

東京に戻って率直にそう告げたが、馬場さんは粘り強かった。

「理由だけでも聞かせてもらえない？」

見習い時代から、僕はずっと都心の大きな中国料理店で働いて来た。中国料理の世界にいる人間なら、誰でも知っているような名店ばかりだ。いつか自分が料理長になりたいと夢見ていたのは、ああいう店だった。

百種類、二百種類の料理が菜単に載っていて、いつでもどの料理でも客に提供できる。そういう本物の中国料理店に、僕は魅力を感じる。そういう店でこそ、自分の能力は発揮できる。そのための訓練を受けてきたからだ。

あの時代の日本人見習いには閉ざされていた道だったから、なおさら僕の中で大きな夢に育っていた。夢というより野望と呼んだ方が良さそうなその夢は、自分でも気づかないうちに僕のエンジンになっていた。

苦しさや悔しさを耐え抜けたのも、その夢があったからこそだ。

立川のあの場所に立ったとき、それが自分にとってどれだけ大切な夢だったかを思い知った。

ここで料理長を引き受けたら、もう二度と都心には戻れない。

それは僕の夢が永遠にかなわないということだ。

そう思ったら、胸に大きな穴が空いた気がした。

『山王飯店』のテーブルに置かれた、赤い表紙の菜単に初めて魅了された日のことを思い出した。それから何頁にもわたってびっしりと書き込まれた中国語の料理名に圧倒された。ノートに書き写して料理名をひとつひとつ覚え、何軒もの店で修業して作り方を自分のものにした。

寝る時間を削り、他の人の二倍も三倍も仕事をして会得した技術、身体に染み込ませた何百もの料理の作り方、親方たちから受け継いだ深い知恵……。

そういうものすべてが無駄になる。

高校にも行かずに十数年かけて積み上げてきた能力を発揮できる場所に、この先自分が立つことはもうない。『星ケ岡』の料理長補佐という肩書きを捨てて、立川のホテルの料理長になるというのはそういうことだった。

このホテルにふさわしいのは、僕が思うような中国料理店ではない。

ちょっと贅沢な昼の定食と、美味しいラーメンや炒飯で人気の中華料理店を作ることはできるかもしれない。

そういう店を貶《おとし》めるつもりはまったくないし、僕自身はそういう店が好きだ。

だけど、それは僕がやりたいことではなかった。

そのために十年以上も苦労を続けてきたわけではない。

だからこの話は断るしかなかった。

僕が自分のやりたいことを話し、立川のあの場所のホテルではなぜそれが難しいかも詳しく説明した。

馬場さんはそれでも、諦めなかった。

「どんな店にするかは、脇屋さんに任せます。あなたのやることに口は出さない。だからグランドメニューでも何でもあなたの思うようにしてください」

引き受けられない理由が、もうひとつあった。

仮に料理長を引き受けるとしたら、僕の下で働いてくれる料理人を少なくとも何人かは連れていかなきゃいけない。東京ヒルトン時代を含めれば『星ケ岡』の厨房で働いて六年になる。声をかけられそうな後輩はたくさんいた。それこそ鍋洗いから教えた後輩も何人かいた。

けれど彼らを引き連れて立川に移って、失敗したらその先はどうなるか。

最初から失敗したときの話をしたくはなかったけれど、僕がやろうとしていたことは失敗する公算が極めて高いのだ。誰もそんなことをした人がいないのだから。

心当たりの後輩の半分近くは結婚して家庭があったし、子どもが何人もいる後輩もいた。僕にも八年前に結婚した妻がいた。

『星ケ岡』を辞めてまで立川まで来てくれる後輩がいたらの話だけど、僕についてきてくれる後輩を路頭に迷わせるわけにはいかない。駄目押しのつもりでそう言うと、馬場さんはそんなこと何でもないと笑った。

「あなたなら大丈夫よ。そんなことには絶対にならないと私は思う。けれど、それがどうしても気がかりで引き受けられないと言うなら、ひとつ約束します。もしも脇屋さんが立川で失敗したら、都心に脇屋さんの店を作ります。必ず作る。後輩たちにはそこで働いてもらえばいいでしょう」

そこまで言われて、返す言葉がなくなった。

馬場さんはできない約束をしない人だ。それは短いつきあいでもわかっていた。

失敗を恐れる必要はない。

僕のやることに口を出さない。

それなら、できるかもしれない。

客たちは菜単の頁をおしまいまでめくった。

馬場さんがあのときの僕をなぜそこまで信頼してくれたのかわからない。

「脇屋さんが人の話をほんとうによく聞く人だったから」

十年以上後のことだけど、馬場さんはあるテレビのインタビューでそう答えた。

確かに僕は人の話を聞く方だ。たぶん親方たちのおかげだ。中国語がわからないから、修業時代は質問も一切せず黙って聞いているしかなかった。

ずっと聞いてばかりいたから、背中で起きていることまで見えるようになった。

けれど馬場さんが、僕に自分の話を聞かせようとしたことは一度もない。

むしろ馬場さんの方が、僕の話を聞いてくれた。自分は口出しをすることなく、僕のやりたいことをやらせてくれた。

僕の話をとにかく聞いて、そして結局は僕の心を動かしたわけだけど。

馬場さんは誰よりも人の話を聞くことの大切さを知っていたから、僕のことも少しは認めてくれていたのかもしれない。

僕の歩いてきた道筋には、馬場さんのように僕を無条件で認めてくれる人が時々現れた。中国人の親方たちがそうだった。盛親方も、王親方も。

僕が親方たちを好きになるのが先か、親方たちが僕を好きになるのが先かわからないけれど。親方たちを好きになって親方のために何かしてあげたいと思うことが、その後の僕の人生につながった。後輩たちとの関係もそうだった。

話を打ち明けると、後輩全員が一緒に行きたいと言ってくれた。

『星ケ岡』の厨房で働いて、あれ以上に嬉しかったことはない。総支配人には悪いけれど、料理長補佐の肩書きをもらったときより嬉しかった。

気持ちは嬉しかったけれど、連れていくのは四人に絞った。一度にそんなにたくさん辞めたら『星ケ岡』が大変なことになる。それに四人いれば、僕がやりたいことはなんとかできそうだった。

料理人のことを中国では厨師という。

前にも書いたように、当時の日本の本格的な中国料理店の厨房には中国から来た厨師が必ずいた。料理長はもちろんだが、点心師や焼物師もみんな中国の人だった。

彼らは十代半ばで弟子入りして、その道の専門家になる。点心師なら朝から晩まで点心を作り続ける。二十年も三十年もそれを続けてきた人たちだから、桁違いに仕事ができる。焼物師は窯の炭を巧みに調節しながら、子豚なら子豚の丸焼きを十頭でも二十頭でも完璧に焼き上げる。羊でもガチョウでも同じことだ。しかも、彼らが作るものは間違いなく美味しかった。

他にも前菜ばかり作る前菜師とか蒸し物だけする職人とか、専門に特化した厨師が中国にはたくさんいる。彼らを雇えば、お客さんが必ず喜ぶ料理をメニューに組み込むことができるから、料理店の経営者には大きな魅力だ。大リーグのホームランキングと契約を結ぶようなものだ。

そのかわり厨師を雇うにはかなりの資金が必要だ。毎月の高給に日本での家賃、彼らが定期的に本国に帰るための飛行機代――。

当時はバブル期で今では信じられないくらい円が強かったし、中国は経済成長前で賃金が日本の何分の一かだったから、超一流の厨師を日本に招聘できた。資金さえ潤沢にあれば、本格的な中国料理店を開業するのは難しいことではなかった。

僕はその方法は使いたくなかった。

というか、使えなかった。

馬場さんに説得されて料理長を引き受けたときから、休日ごとに多摩地区の中華料理店を片っ端から回って料理の値段を調べた。

想像通りだった。『山王飯店』や『星ケ岡』の価格帯の店は、立川を含む東京の多摩地区には存在しなかった。コース料理を食べてもアラカルトを食べても、都心の店に比べたら驚くほど安かった。

やはりこの地域で、僕が思うような中国料理店をやっていくのは難しい。

「ロープを針の穴に通す」みたいな奇跡を起こさなきゃいけない。

常識的な方法では、おそらくどうにもならない。

だから中国の料理人には頼らないことにした。

僕と、僕についてきてくれた四人の日本人だけですべての料理を作る。

少なくとも最初は、できるだけ人件費を抑えたかった。

それ以外の部分では、何ひとつ妥協しない。

まずグランドメニューがしっかり揃っていること。

焼物師も点心師もいないから限界はあった。たとえば「烤乳猪《シャオルチュー》（子豚の丸焼き）」はメニューに載せられない。けれど「北京烤鴨」なら僕が焼ける。

焼物も点心も、修業時代から研究していた。いつかは役に立つだろうと思っていたが、こんなにも早くその日が来るとは思わなかった。本物の焼物師や点心師にはかなわないが、焼物も点心も胸を張って中国料理店といえるくらいは揃えられる。あとはメニューを工夫して、焼物師や点心師に頼らなくてもいいようにした。

菜単に載せる料理は『楼蘭』の二百九十三品は無理としても、少なくとも百品以上は用意する。食材はすべて最高の品質のものを使う。グランドメニューの数でも料理の味でも、『山王飯店』にも『星ケ岡』にも引けを取らない店にする。

だから料理の値段も都心の一流店と同じにする。

さすがにこれは馬場さんに相談した。ホテル全体の方針とも関わるからだ。立川はおろか多摩地区全体を探しても、そんな中国料理店は一軒もなかった。

馬場さんは眉ひとつ動かさなかった。

「あなたがそうしたいなら、そうしなさい。私は口を出さないと言ったはずよ」

僕が言い出したことなのに武者震いした。


店の名は『楼蘭』にした。

世話になった王親方から店の名を借りた。シルクロードにかつて栄えたオアシス都市の名だ。楼蘭というロマンチックな言葉の響きが気に入っていた。

赤ではなく、青い表紙の分厚い菜単も作った。

頁をめくると、前菜に続いて、つばめの巣、フカヒレ、鮑と貝柱、エビ、ナマコ、蟹、カエル、牛肉……と、さまざまな食材を使った料理が並んでいる。

グランドメニューは全部で百八十一品になった。その百八十一品はただの料理ではない。『山王飯店』や『星ケ岡』に一歩も引けを取らない王道の中国料理だ。そこで料理を作っていた僕が、自信を持って言うのだから間違いない。

その百八十一品を僕と四人の日本の料理人で作る。

こんな中国料理店は他のどこにもなかった。

だからやる価値がある。それが僕と馬場さんの結論だった。

そのためには、何もかも僕ら五人でやらなきゃいけなかった。十二年前の修業時代に逆戻りだ。その覚悟があったから引き受けたわけだけど。

朝一番の仕事はガラ番だ。三十キロの鶏ガラと三十キロの豚ガラを大きな寸胴鍋で炊いてコクのある出汁を取る。時間と手間のかかる仕事だけれど、この出汁が『楼蘭』のすべての料理の基本になる。作り置きは絶対にしない。毎朝、新しい出汁を取った。

たとえ前の日に一人の客も入らなくて、一滴の出汁も使わなくても……。


予想はしてたけど、あんなに客が入らないとは思わなかった。

最初にここに来て土埃の立つ砂利道を見た日に、それはわかっていたことだけど。

開業の準備を始めて、メニューを考えたり、食材を探したり、食器を揃えたりしているうちに、いつの間にか甘い夢を見ていた。

こんなに一所懸命に準備しているんだから、少しは客も入るんじゃないか。こんな食材まで準備したんだから、わかってくれる客だって少しはいるはずだ……。

甘い夢は、完膚なきまでに叩き潰された。

ホテルのオープニングパーティの後くらいには、物珍しさからか少しは来てくれる客もいたけれど、誰もが菜単を見て目を丸くした。

厨房からそっと覗いていると、その後の行動も同じだった。菜単の頁をおしまいまでめくって、ようやくほっとした顔になる。

菜単の最後の方には炒飯や麺類が載っているからだ。

朝早くからガラ番をして取った極上の鶏出汁のおかげで、炒飯も麺類も信じられないくらい美味しかったはずだ。

テーブルに運ばれた芝海老入りそばや五目煮そばのスープをひとすすりした客の目が、さっきとは違う意味で丸くなるのを見るのは嬉しかった。

「人生で食べた中で、いちばん美味しい五目そばだった」

そう言って帰る客もいた。それが救いだった。

だからといって、そのお客さんが次もまた来て、今度は頁の前の方から何品か注文してくれる、などということはまずなかった。

グランドメニューで店の格がわかると言ったたって、誰も注文してくれなければ話にも何にもならないのだ。

そのグランドメニューを維持するには、鶏の出汁だけ取ればいいわけではない。フカヒレや鮑やナマコなどの乾貨は、何度も書いたように、戻すのに何日もかかる。注文が入ってから戻したのでは間に合わない。

注文が入るあてもないのに、毎日手間をかけて乾貨を戻したり、食材の下ごしらえをするのは、かなり辛いものがあった。昔に逆戻りどころか、素足にサンダル履きで鍋を洗っていた十五の頃の方が、よほど気が楽だった。

けれどやめるつもりはなかった。

自分たちで乾貨を戻さなくても、工場で戻してレトルト加工した鮑やフカヒレは出回っている。手間もかからないし、客の注文に応じて開封すればいいからロスが出ない。そういう「乾貨」を使う店も少なくない。

最近はそういう店の方が多いくらいだ。それは考え方だから、他の人が使うことは否定しないけれど、使ったら僕の料理ではなくなる。グランドメニューを菜単にずらりと並べる意味もなくなるということだ。後輩たちだって、そういう料理が作りたくて『星ケ岡』を辞めたわけじゃないはずだ。

だから、こんなことは想定内だという顔をして淡々と作業を続けた。乾貨の正しい戻し方を後輩たちに伝えるいい機会だ。そう考えて、自分を慰めるしかなかった。

料理には自信があった。

僕の料理を一口食べれば、それはわかってもらえる。

時間はかかるかもしれないが、『楼蘭』に客を呼ぶことはできる。

ただ、その最初の一口がなかなか食べてもらえなかった。

『楼蘭』の菜単から何品か抜粋してみよう。

最初の料理は「盛り合わせ冷菜」で中盆が（四～五人前）六千六百円、小盆（二～三人前）四千四百円だった。「つばめの巣と海老団子の蒸し煮」の小盆が四千四百円、「特上フカヒレの姿煮」は一枚六千円、「伊勢海老の淡雪炒め」が小盆四千四百円で、「北京ダック」一羽一万円、「特製豚肉の蒸し煮」は小盆二千四百円。そういう料理が最後の頁の「山芋の飴炊き」小盆千二百円まで百八十一品並んでいる。

料理を作っている僕に言わせれば、これは日本国内で食べられる最高水準の中国料理だ。使っている食材の質も、その食材にかけている手間も、そして料理した料理人の腕も、名だたる中国料理店の厨師に負けてはいない。

けれど、少なくとも郊外の砂利道沿いのホテルの四階の片隅の料理店に何気なく立ち寄って、注文するような料理でもなければ値段でもなかった。

それは自分がいちばんわかっていた。

だからといって、グランドメニューの数を減らしたり、料理の値段を下げるつもりはなかった。それをやってしまったら、僕がここで料理長をする意味がなくなる。

グランドメニューの数はただの見栄ではない。

いうなれば中国料理のアイデンティティ、存在証明なのだ。

これが中国料理の料理人特有の、特殊な気持ちであることはわかっている。日本料理の世界にもフランス料理の世界にも、メニューの厚さが店の格につながるという感覚はないと思う。洗練と純度を尊び、何につけても無駄を削ぎ落とすことを好む日本においては特に。あまりに分厚いメニューは、むしろ無粋と感じる。

僕自身も、鮨屋や蕎麦屋ではそう感じる。無垢の白木のカウンターに、分厚いメニューは似合わない。あれもこれも出てくる店より、蕎麦一筋の職人を信頼する。

中国料理は違う。

一筋の職人を尊ぶ気持ちはあるけれど、中国料理で重要なのはそういう職人たちが厨房に揃っていることだ。独奏とオーケストラの違いと言ってもいい。

中国料理店で食べるよろこびは、菜単の頁をめくるごとに鳴る多様な音色だ。あれを食べるか、それともこれを食べるかと、頁の上で目を泳がせ、指先を惑わせるところから宴は始まる。さまざまな料理をたっぷり盛りつけた大皿を何皿もテーブルに並べて家族友人知人見知らぬ人と取り分け、分け合い、和気藹々《わきあいあい》と食べるところに中国料理の醍醐味がある。その豊穣さが、中国料理の核にはある。

広大な中国大陸の空間的広がり、紀元前から続いてきた中国文明の時間的長さの中で発達したのが中国料理だ。

菜単の豊かさそのものが、中国料理の魅力なのだ。

それは僕の強みでもある。グランドメニューにこだわる理由はそこにある。

とはいえ、そのグランドメニューをお客さんが見てくれないのでは話にならない。

何か方策を考えなきゃいけなかった。

中国料理とフランス料理。

二階のフランス料理店はメインダイニングだけあって厨房も広々としていた。料理人は料理長以下十二人もいた。その上の総料理長もフランス料理の人だ。僕は中国料理部門の料理長だから、形式上は僕の上司でもある。

僕たちの『楼蘭』があるのは四階で、元々はバンケットルームにするはずだったスペースらしい。馬場さんのアイデアで、そこを中国料理店にしたわけだ。

ホテルの開業の少し前に、近隣へのお披露目を兼ねてオープニングパーティがあった。総料理長の提案で、フランス料理の厨房と『楼蘭』の厨房で半分ずつ料理を作ることになった。向こうは十二人もコックがいる。こっちはその三分の一。結構な数の料理を作らなきゃいけないからこっちは大変だ。フランス料理チームは人数が多いから、なんだか優雅そうにやっている。僕の目にはそう見えるということだけど。『楼蘭』に人が入っていないから、どうも僻みっぽくなる。

フランス料理部門ばかりが優遇されている気がした。結婚披露宴はホテルの大きな収入源で、披露宴の料理といえばフランス料理に決まっているから、優遇されても当然だった。特に週末はいつも忙しそうだった。ディナーショーも定期的に開催されていた。ディナーというだけに料理はフランス料理だ。僕らの出る幕はなかった。

日本はバブル経済の真っ只中で、日本人は一億総グルメと言われた。そのグルメの花形はフランス料理だった。結婚式だってクリスマスの特別ディナーだって、みんなが食べたいグルメはフランス料理なのだ。フランス帰りの料理人たちが颯爽と帰国して、センスのあるフランス料理店をオープンして世間の話題を集めていた。

フランス料理チームから、何か言われたわけじゃない。けれど、彼らからの視線にどうしても意味を感じてしまう。

中国の人が中国料理を作るのはわかる。なぜお前は日本人なのに、中国料理なんかやってるんだ。外国の料理をするなら、フランス料理にすれば良かったのに。そう言われている気がする。自分でそう思っているからだ。

クソッと思う。あんなどこにでもあるようなフランス料理に、僕の料理は負けてない。いつか見返してやる。

彼らがそう思っていたかどうかわからない。というか、別にそんなこと思ってもいなかっただろう。彼らには何の罪もないのだけれど、そうやって自分で自分の闘争心に火をつけて心を奮い立たせるくらいしか、他にできることがなかった。

三ヶ月経っても、四ヶ月経っても客は入らなかった。赤字も膨らんでいた。それでも馬場さんは最初の約束を守って、あれこれ口出しをしなかった。僕の思い通りにやらせてくれた。

メニューを減らせないのかとか、料理の値段を下げたらどうかとか、あるいは食材の質をもう少し落とせないのかとか。普通の経営者なら、そういうことを言い出しそうなものだ。とにかく一度はやりたいようにやらせたのだから。それで上手くいかないなら方針を変えるしかない。馬場さんはそれを言わなかった。僕が絶対にそうしないことをなぜか知っていた（そうしろと言われたら僕は辞めていたに違いない）。そして口出しをすることなく、ただ待ってくれた。

馬場さんの待つ力に僕は救われた。


いつか自分が上になったら、絶対にやろうと決めていたことがいくつかあった。白衣のことは前に書いた。それは『楼蘭』で実現した。四人の後輩に七着の白衣を新調した。そして毎朝、糊のきいた洗い立ての白衣で仕事ができるようにした。

他にもいくつかあったけれど後回しになっていた。客が入らない日が続いて、なんとかしなきゃいけないと頭を悩ませるのに忙しくて、前向きなことが考えられなかった。そういうある日のこと。料理を盛られることもなく虚しく積み上げられている白い楕円の皿を何気なく見て、ふと思い出した。

「あれをやめようって思ったことあったよな?」

『星ケ岡』で隣のフランス料理店の厨房を覗きに行って、色も形も大きさもさまざまな食器に美しく料理を盛りつけているのを見て、密かに心に決めたことがあった。中国料理といえば、どこの店でも大、中、小の白い楕円の皿に盛りつけるものだった。大が八~十人前、中が四~五人前、小が二~三人前と決まっていた。中国料理にはそもそも一人前ずつ皿に盛るという習慣がほとんどなかった。

中国料理だって、一人分ずつ、フランス料理のように綺麗な皿に美しく盛りつけてもいいんじゃないか。先輩には頭ごなしに否定されたけど、あのときに「いつかやってやろう」と思ったことを思い出したのだ。

思い出して、ホテルのレターセットの便箋にさらさらとメニューを書いた。

五分もかからなかったと思う。

『楼蘭』の新しいコース料理のメニューだ。

今思えば、画期的なメニューだった。

といっても、たいした話ではない。

こんな中国料理は食べたことがない。

コース料理は中国料理店の菜単につきものだ。

菜単を開けば、たいてい最初の頁にコース料理が載っている。

ただし「四名様の特選コース」とか「二〜三名様用コース」とか、中国料理店のコースはすべて複数人向けだった。先述したように、中国料理はみんなで取り分けて食べるもので、料理を一人分ずつ皿に盛りつける習慣がなかったのだ。

その習慣に反して、一名分のコースメニューを作った。盛りつけもすべて一人分ずつ皿に盛ることにした。かつてやってみようと思ったことをやったわけだ。一名分の料金は四千円から五千円。

ちなみに『山王飯店』のいちばん高いコース料理が四名分で二万円だったから、一名分の料金としては決して安くはない。皿数はかなり増やした。いろいろな中国料理を食べてもらいたかったから。中国料理店のコース料理というと北京ダックとかフカヒレとか定番ばかりになりがちなのだが、中国料理の魅力が伝わるように、あまり馴染みのない料理や驚きのある料理も入れるようにした。

手間はかかる。九皿から十皿の料理が出るわけだから、お客さんのお腹のことを考えても、一皿はかなり少量になる。前菜は五品を盛り合わせたから、一品はほとんどお猪口のサイズだ。中国料理の前菜といえば、日本ではチャーシューにクラゲに蒸し鶏ばかりになりがちだけど、実際にはもっといろいろあるわけだ。そういうものを少しずつでも、いろんな種類食べてもらうためのスタイルだ。スープにしても四人分をひとつの丼に入れて出すのではなく、季節のスープを一人分ずつ小さな器に入れて、中国式にちゃんと蒸してお出しする。

それまでの中国料理店では、一人ずつにそんな少量の料理を出すことは考えられなかった。なにしろ最小サイズの小盆が二～三人前なのだ。それより少ないサイズの料理をなぜ出さないかといえば、身も蓋もない話だけど、手間がかかるからだ。

そのことは前から感じていた。十八歳で結婚してから、妻と食べ歩きをするようになった。和食も洋食も、もちろん中国料理も。二人で食べに行って、いちばん大変なのが中国料理だった。いろいろな料理を試したいのだが、一皿の量が多くて、二人では品数を食べられないのだ。前菜とスープに料理を二品も注文すればお腹いっぱいになってしまう。スープも大きな丼でくるから、二人だと半分以上残してしまうことがよくあった。最小サイズを頼んで、それでも多いから「半分にできませんか」と頼んでも「うちはそういうことしません」と言われる。

できないわけじゃない。やりたくないだけだ。

自分が料理を作っているからわかる。中国料理は少量作るのが難しいなどということはない。だから『楼蘭』ではホールのマネージャーとスタッフには、もしお客さんから料理を半分にできないかという要望があったら応えるように言ってあった。もちろん値段も半分にする。売上が下がることを心配する声もあったけれど、「その料理やスープをお客さんに味わってもらうことの方が大切だよ。美味しかったら、また次も注文してくださるんだから」と僕は言った。

コースメニューの設定を一名分にしたのも同じ考え方だ。

料理を特に変えたわけじゃない。朝早くから鶏ガラと豚ガラでスープを取るのも、乾貨を毎日戻すのも、その他諸々の下準備も。やっていることは前と変わらない。

要するにそれだけのことだ。

中国料理店にはなかったというだけで、フランス料理でも日本料理でも、それが当たり前だったし、逆に中国料理店はなぜそれをやらないのか不思議なくらいのことではあった。それでも業界の常識に反して、他の店のやっていないことをやるのは、実際にやってみてわかったことだけど、結構な決断が必要だった。

お客さんが入らなくて困っていたから思い切ってやれたのだ。そういう意味では立川に行ったのは僕の幸運だった。『楼蘭』が都心の店で、最初から上手くいっていたら、きっとそんなことはやらなかっただろうから。

思いつきで始めたことだし、それほど期待していたわけでもなかったからコースメニューは僕の手書きだった。リーセントパークホテルのレターセットに僕が気に入っていた中国風の宝船のスタンプを押して、その下に僕がメニューを手書きしてコピーをして例の青い菜単の最初の頁に挟んだのだ。

五彩拼盆《ウーツアイピンパン》　五種特製冷菜盛り合わせ
蟹肉魚翅《シエロウユイチー》　蟹肉入りフカヒレの煮込み
乾焼明蝦《ガンシヤオミンシヤー》　大正海老チリソース煮
蠣油牛肉《ハオヨウニユウロウ》　骨付牛肉オイスターソース炒め
酥炸双味《スーザーソンウエイ》　季節の揚物二品
葱醬星鰻《ツオンジヤンガンマン》　活穴子の香蒸し焼
蘿蔔扣肉《ロウボウクーロウ》　豚三枚肉と大根醬油煮
腐皮白菜《フーピーバイツアイ》　特選ゆば野菜巻ホワイトソース煮
砂鍋蚧粥《サーゴウシエジヨウ》　渡り蟹土鍋入り粥
芝麻湯糰《チーマータンイエン》　楼蘭特製点心

以上十品で、一人前五千円。
それ以上の宣伝や告知はほとんどしていない。
ところが、風向きが変わり始めた。
まずお客さんの行動が変わった。

今までは菜単の最後までさっさと頁をめくっていたお客さんの目が、僕の手書きのメニューで止まるのだ。メニューをじっと読んでいる人もいた。

それから、予約が入り始めた。

最初は雨の降り始めのようにポツ、ポツと。

嬉しかったのは、僕が想像した以上にお客さんに喜んでもらえたことだ。

サービスのスタッフの表情が明らかに変わった。お客さんからの感謝の言葉ほど、料理店の人間を励ますものはない。

「こんな美味しい中国料理は食べたことがない」

そう言って帰るお客さんもいた。


僕が作ったのは、何度も言うが、親方たちゆずりの王道の中国料理だ。

使う食材から調味料の量まで、何から何まで完全に同じだったわけではない。

中国料理はそもそも調味料を細かく計量しない。あの鉄の玉杓子ですくう感覚で味を調節するから、人によっても味つけは微妙に変わるはずだ。時代が変わればさらに変わる。なにしろ料理に使う油も変わるのだ。僕が『山王飯店』に入った頃は、炒め物でも揚物でも使う油はラード百パーセントだった。だから一斗缶に入った白く固まったラードを大鍋で溶かすのが新入りの毎朝の仕事で、綺麗に溶けたラードをそのまあらゆる料理に使っていた。やがてラードと白絞油《しらしめゆ》を半分ずつ混ぜて使うようになった。僕が辞める頃にはラードは使わず白絞油百パーセントに変わっていた。人々の嗜好の変わり目だったのだろうが、とにかく三年半でそんなに変わったのだ。

だから僕の料理の味が完全に親方と同じだったとは言わない。おそらくは時代の流れの中で、塩も油もより軽くなっていたとは思う。けれど料理の美味しさを支えているもの、技術や仕事の確かさは変わらない。出汁を取ったり乾貨を戻したりというような手間のかかる仕事がプロの料理人の厨房からでさえ、どんどん消えていく時代だったから、なおさら僕は親方たちを通して僕に伝わった昔ながらの仕事を忠実に守ることにこだわった。それに勝る美味しいものを作る方法はないから。

だから僕は自分の料理を自信を持って美味しいと言える。

僕の料理の美味しさは、何百年か何千年かわからないけれど長い時間の流れの中で育まれた中国料理の美味しさなのだ。そしてその中国料理の本当の美味しさは、実はまだ広く世に知られているわけじゃない。だから自分の仕事には価値がある。

コースの内容は毎月変えた。もっともっと中国料理を知ってほしかった。

内容で困ったことはない。そもそも中国料理のレシピはほとんど無尽蔵にある。調理法も多種多様だ。焼く、炒める、揚げる、蒸す、茹でる、窯で焼く……。同じ焼くにしても炒めるにしても、さまざまな焼き方炒め方がある。調味料も香辛料も、北の産物から南の産物まで驚くほど豊富で、味つけも千変万化。中国料理には地球上のありとあらゆる食材を料理する方法がある。

つまりどんな食材であろうが、中国料理として表現できるのだ。親方たちの厨房にいた頃はできなかったことだから、僕はその面白さに夢中になった。

スタッフを全員帰した後の誰もいない夜更けの厨房で、新しい中国料理を考えるのは、僕の至福の時間だった。図書館から借り出した古い中国料理の本に読み耽っているうちに、何度朝を迎えたことか。

中国料理の歴史は、極言すれば、自然の産物である食材と人間の格闘の歴史だ。単に食べるためではなく、いかに美味しく食べるかに、時として命さえかけるのが中国の人々だ。何百、何千という食通たちの食に対する愛情と工夫の積み重ねが、中国料理という豊穣な文化を育んだのだ。

そういう中国料理の文法で食材を見ると、アイデアはとめどなく湧いた。

月替わりにすると、季節感を出しやすくなる。絶対的に美味しい定番の中国料理で脇を固め、季節感のある二、三品の料理を中心に構成する。定番料理には季節感のあるものが少ないので、季節の料理は毎月新しく考えた。中国料理ではあまり使わない食材も敢えて使ってみたりもしたが、これがまた好評だった。新しい料理が次から次へと生まれた。予約は増える一方だった。

開業から一年後、馬場さんが願い事を何でもひとつ聞いてくれると言った。

僕は迷わず、厨房の人数を増やしてもらうことにした。

新たに五人の後輩を引き抜いて、『楼蘭』の厨房を十人体制にした。

リーセントパークホテルはあの規模のホテルにしては珍しいくらい頻繁にディナーショーをやっていた。

そのディナーショーに僕たちの料理を出してみたかった。

香港より立川に行った方が美味しいチャイニーズが食べられる。

「ウチのディナーショー、チャイニーズでできないですかね」

ホテルの会議で提案したら、全員から反対された。

ディナーショーに中華料理を出すなんて、誰も聞いたことがなかった。フランス料理のかわりに中華を選ぶ客なんていないとは思えないし、もし仮にそういう客がいたとしてもディナーショーでは料理を限られた時間内に出し終えなきゃいけない。中華のコースを時間内に出すことなんてできないというのだ。

中国料理は温度が重要なのは間違いない。炒め物にしても煮込み料理にしても蒸し物にしても、お客さんに熱々の状態で出すために僕らは工夫する。冷めた中国料理は誰も喜ばないのだ。大皿で何人分かを一緒に盛りつけるのもそのためだ。けれどディナーショーではそれもできない。一人分ずつ盛りつけた料理を、冷めないうちに、あのディナーショーの会場でいっせいに客のテーブルに運ぶのは至難の業だ。フランス料理は中国料理や日本料理ほど、料理の温度にこだわりがない。スープでさえも熱々である必要はないし、作り置きができる料理が多い。ディナーショーの料理がフランス料理なのはそういう理由もあるらしい。

料理を作っている人には悪いけれど、そういうディナーショーのフランス料理はあまり美味しいとはいえない。お客さんはショーが目的で、ディナーはあくまで付け足しだった。そんな料理に負ける気がしなかった。

ディナーショーで中国料理を出すのが簡単じゃないのはその通りだ。熱い料理を熱いまま出すのは大変だけど、全部の料理が熱々なわけじゃない。料理の順番を考えて熱い料理が続かないようにしたり、手間のかからないオーブン料理の仕上がり時間を計算して上手くコースに組み入れればなんとかなる。それは僕らが『楼蘭』で証明したことだ。店で料理を出すのと、ディナーショーの会場の百人単位の観客に料理を出すのは確かに勝手が違うけど、僕は絶対にできると思った。

僕の説得が上手かったのか、それとも根負けしたのか。最終的には馬場さんの後押しもあって、とりあえずやってみましょうということになった。フランス料理か中国料理かを選ぶのは、最終的にはディナーショーに来るお客さんなのだから。

ほとんどの客が中国料理を選ぶようになるまでに時間はかからなかった。

作り置きの前菜や特に美味しくもないメインディッシュにみんな辟易していたのだ。リーセントパークホテルのディナーショーは新しいスタイルのチャイニーズで、熱い料理が熱いまま出てくる。こんな料理は食べたことがない。今夜のディナーショーはショーも良かったけど、料理が美味しかったと評判になった。チケットの売れ行きにまで影響するほどだった。

『楼蘭』の売上は右肩上がりに増え続けた。馬場さんは毎年望みをひとつ聞いてくれたから、そのたびに厨房の人数を増やしてもらった。

中国料理部門とフランス料理部門の関係は三年で逆転した。

売上でも、料理人の数でも。三年目には料理人を二十五人にした。リーセントパークホテルの最大の収入源だった結婚披露宴の料理もチャイニーズを選ぶカップルが圧倒的になった。その前の年から披露宴の料理もフレンチかチャイニーズを選べるようにしてもらったのだ。立川に面白い中国料理店があるという噂が広がって、都心や他府県からも客が予約を入れて来るようになった。

この時期の常連客に妹尾河童という人がいる。高名な舞台美術家にしてグラフィックデザイナーでエッセイストで、この少し後に書いた小説『少年H』が三百万部超えの大ベストセラーとなる多才な人だ。この人がはるばる立川まで、僕の料理を食べに来てくださるようになった。それも頻繁に来る。しかもいろんな人を連れて来た。

注文は僕任せだった。

「好きなもん作っていいよ。任せるから」

何を作っても、美味しく食べて、大喜びで帰っていく。一ヶ月過ぎたらまた予約が入っている。メンバーはいつも違う人たちだった。妹尾さんが連れて来るメンバーは身にまとっているオーラが普通の人とはどこか違っていた。詳しくお聞きしたことはなかったけれど、いろいろな世界で活躍している人たちらしい。妹尾さんはもしかしたら僕の店を宣伝してくださっていたのかもしれない。

その前後から、店で同業者の顔を見かけるようになった。お客さんとして、僕の料理を食べに来てくれるのだ。僕が顔を知っているくらいだから名を知られたシェフたちだ。中国料理のシェフとは限らない。フレンチやイタリアンのシェフの方が多かったかもしれない。他の料理界の人たちからも注目されているようで嬉しかった。

一九九二年。立川に来て七年目に三十四歳で総料理長になった。中国料理部とフランス料理部を合わせて僕が料理部門全体を見ることになったのだ。

立川のリーセントパークホテルといえばチャイニーズと言われるようになっていたから、フランス料理の人たちはやりにくかったと思う。フランス料理部門は規模を縮小し続けた。逆の立場だったことを思い出して申し訳ない気持ちになった。

僕の料理が大きく変わっていった時期でもある。僕の中国料理は新しいチャイニーズ、ヌーベル・シノワと呼ばれるようになった。

意識して変えたわけではない。『楼蘭』も結婚披露宴もディナーショーも忙しくなるばかりだから、毎日朝から晩まで料理を作り続けた。コース料理の内容も変え続けた。そういう毎日の中で、自然に変わっていった。

もちろん他の料理の影響も受けた。いろいろな料理の影響を受けたけれど、大きな影響を受けたのはやはりフランス料理だ。盛りつけもそうだったけど、火入の繊細さは衝撃的でさえあった。初めて食べたのはサーモンだったと思う。生のような鮮やかな色なのに、それでいて絶妙に火が通っている。中国料理では考えられない火の通し方だった。伝統的なフランス料理でもなさそうだ。フランス料理はとにかく変化が早い。ファッションが変わるように、フランス料理もどんどん変わっていく。変化することが、フランス料理の伝統だとでもいうように。

僕は衝撃を受けて、すぐに中国料理に応用してみたくなる。

たとえばこういう感じ。

時鮭の分厚い切り身の表面をカリッと焼いて中は半生の状態に仕上げる。ネギと生姜を軽く炒めたところに自家製XO醬と老酒《ラオチュウ》を加え、上湯《シャンタン》とチキンスープでのばして片栗粉でとろみをつけてイクラと合わせたソースをかけて、隣に苦瓜を添える。

苦瓜の苦味と、複雑なソースをからめた半生の甘い時鮭の相性が抜群なのだが、火入はフランス料理の影響を強く受けていても、食べれば完全な中国料理なのだ。

そういうことができるのも、中国料理の特長だった。たとえば食材には必ず下味をつける。これを漿《チャン》という。塩と水、卵を順番に食材にもみこんで下味をつける中国料理のテクニックだ。食材によって塩と水と卵の割合は違う。豚肉、牛肉、鶏肉、エビ、魚……それぞれの漿がある。この漿さえしっかりやっておけば、極端に言えば何をしようが中国料理になってしまう。

そういう意味では、中国料理は実は自由度が極めて高い。

『楼蘭』を始めたばかりの頃は、基本に忠実に中国料理を作っていたつもりなのだけれど、いつの頃からかヌーベル・シノワと呼ばれるようになったのはそのせいだ。初期の頃はその新しさが、一皿の量が極端に少なくて皿数が多いとか、凝った皿に盛りつけるとか、見た目が中心だったのだけれど、僕の関心はやがて食材の持つ力をいかに引き出すかということに変わっていった。好奇心に導かれるようにして、さまざまな料理の影響を受けて僕の料理は変化していったのだけれど、どんなに変わっても、どこまでもいっても、僕の料理は中国料理だった。

まるでお釈迦さまの手のひらの上で遊ぶ孫悟空のようなものだ。

中国料理のおかげで、僕は自由に遊ぶことができたともいえる。

そして幸運なことに、遊べば遊ぶほど僕の料理に注目が集まった。

中国料理はどちらかといえば伝統料理的で、中国料理の世界にはまだ僕のように自由に遊ぶ料理人が少なかったからだ。

おかげで中国にルーツを持つ人でなければ中国料理では成功できないという、修業時代からずっと僕の頭の上の方にかかっていた黒い雲も、どうやら晴れたらしい。

脇屋が中国名じゃないことをかつては引け目に感じたものだが、僕の料理を食べに立川に来る人はそんなことはまったく気にしていなかった。

自分が成功したなんて思ってもいなかった。けれど、とにかく立川でも自分のやりたい料理がやれることを知った。自分にしか作れない料理を作ってさえいれば、お客さんは日本中どこからでも来てくれる。少なくとも馬場さんに、都心に店を作ってもらうことはもうないだろう。

一九九二年は僕にとってはいろいろなことがあった年でもある。

この年、僕は母を亡くした。

病気が見つかってから、たった八ヶ月だった。後半は弟や妹と交代で母の病室に泊まって看病した。お袋のために滋養のあるスープを作った。僕にできることはそれくらいしかなかったから。ほんの少しだけでも、お袋が美味しそうに飲んでくれるのを見るとほっとした。お袋には感謝されたけれど、感謝しなきゃいけないのは僕の方で、医食同源という中国料理の重要な考え方に興味を持ち薬膳を作るようになったのはお袋がいてくれたからだ。美味しいだけがすべてではない、生命をつなぐために食はあるのだという、料理人としての根本を教えてくれた。

十五歳で初めて山王飯店の寮に入ったときに送ってくれた粗末な紙の箪笥は今も大

切に取ってある。引き出しを開けると、編み物が得意だったお袋が編んでくれた毛糸のベストが今もそこにある。

初めて上海に行ったのもこの年だった。

乾貨

本来は冷蔵庫のなかった時代に食材の保存法として発達した乾物を使った料理は、中国料理の長い歴史の中で高級料理の代名詞となった。近年は食材が希少になったためますます高級食材になってしまったけれど、それ以上に手間のかかる料理でもある。昨今では工場などで戻した乾物を使う店も増えている。それが不味いとは言わないが、自分たちの手で戻した乾貨は味も質も圧倒的に違う。湯と同じように、僕の店では昔ながらのやり方で手間と時間をかけて戻している。

「フカヒレの上海風煮込み」

気仙沼に水揚げされたヨシキリザメの尾ビレを半年かけて天日乾燥させた原ヒレを、まず1時間半かけてゆっくりと煮る（1日目）。翌日になったらその骨と皮を丁寧に外して、さらに30分間煮る（2日目）。ペティナイフを使いヒレの表面の皮を丁寧に剝がす。水を取り替えながらこの作業を3日繰り返して臭みを抜く（3〜5日目）。一欠片の皮も残っていない綺麗なヒレを毛湯に漬け、4時間蒸してから冷ます（6日目）。さらに2時間蒸してヒレの硬いものと柔らかいものを選別し、硬いヒレはさらに蒸す（7日目）。下ごしらえの終わったヒレを上湯で2時間から3時間煮込んで料理を完成させる（8日目）。

第6章

デ・ニーロと窯

一九九二年、妄想の故郷上海。

上海に行ったのは、中国料理世界大会に出場するためだ。この年が第一回目で、以後四年ごとに開催されるようになる。団体戦で金賞、個人の熱菜部門で銀賞を受賞した。熱菜は温かい料理のこと、僕はフカヒレでフォアグラを包んだ料理を作った。本場の審査員に自分の料理が評価されて嬉しかったのを憶えている。

大会の後、短い旅行をした。

上海から無錫《むしやく》を経由して南京に行く列車に乗った。無錫は太湖《たいこ》のほとりの水郷で有名な歴史ある観光地で、無錫料理でも知られている。

列車の窓枠は木製で座席は硬座、中国の二等車で文字通り硬い木の座席だった。しかも一人分の席が恐ろしく狭い。座り心地はすこぶる悪いが、そんなこと言ってられないくらい人と荷物で混み合っていて、まるで混沌そのものだった。

一緒に行った仲間は驚いていたけれど、子どもの頃札幌から函館に行くときに乗ったのもこんな列車だった。

母方の先祖のお墓が内浦湾に面した森町にあって、お盆のお参りに行くのが家族の恒例行事だった。あの列車も窓枠から何からほとんど木製で、蒸気機関車に牽引されていた。トンネルに入る前に窓を閉めないと煤で顔が真っ黒になった。石炭の燃えるなんともいえない良い匂いがしたのを思い出した。

食堂車があると聞いて、行ってみた。どんな料理が出るか見たかったのだが、驚いたことにシャツにエプロンをつけた男が二人、汗をかきながら列車の中で弁当を作っていた。バケツから白米をすくって容器に詰めては、肉の入った野菜の炒め物を鍋で温め直してその上にのせる。炒め物は二種類あった。味は覚えていない。米とおかずを盛る彼らの手際の速さと、鍋底に残った炒め物を走っている列車の窓から勢いよく捨てていた光景ははっきり記憶に残っている。

呆気に取られてしばらく見ていたが、彼らがあまりにも当たり前のことのように盛大に捨てるので、なんだかおかしくなって笑ってしまった。いいこととか悪いこととかいう前に、彼らはいかにも生きている感じがした。

途中の駅で、売り子が何か黒っぽいものを売りに来た。ほとんど黒に近い肉の塊だ。豚の骨つきバラ肉を何かで煮込んだ料理らしい。鼻を近づけると、甘そうな匂いと同時に鼻を突くような酸っぱい匂いがした。両手で持ってかぶりつく。強い甘みと酸味をまとったバラ肉の脂の旨味が口の中にあふれる。夢中で食べた。骨についた肉を歯でこそげ取る。左右の指を舐める。酸味が複雑でいつまでも味わっていたいような奥深さのある不思議な味だった。

鎮江香醋《ちんこうこうず》を使っているという。江蘇省《こうそしょう》鎮江市名産の黒酢の一種だ。もち米を発酵させた酒を酢酸菌で長期熟成させて作るらしい。独特の風味があって慣れると癖になりそう。黒酢ブームのおかげで今は日本でも手に入れやすくなったけれど、僕はこのときが初めてだった。

中国はいうなれば、僕の第二の故郷だ。

それなのに、このときまでは足を踏み入れたことがなかった。

その意味では、妄想の故郷だった。僕の最初の師匠である盛さんや、その親方の陳さんの料理を通じて中国という国を知り、上海という地名に親近感を持ち、地図でその場所を探してみたりもしたけれど、どんなところか空想するしかなかった。

その上海の街を実際に歩き、匂いを嗅ぎ、景色を見て、初めて上海の人たちが食べているものを食べ、それからこうして汽車に乗って周辺の土地を巡り、そこで暮らす人々の息づかいまで、自分は今全身で味わっている。

それだけでもなんだか胸がいっぱいだった。

何より感動したのは、中国料理が生きているということだ。中国料理は固まった過去の伝統料理などではなかった。中国料理は自由だった。今も脈々と生きてこの大地にあって、そしてあの人たちを支え、あの人たちとともに変化し続けていた。

この広大な大陸の各地には、それぞれの気候や風土、産物から生まれたそれぞれの中国料理がある。僕が覚えた上海料理の他にも、北京料理も広東料理も四川料理もある。それくらいは知っていたけれど、ここに来てみたらそれどころではなかった。上海は長江《ちょうこう》（揚子江《ようすこう》）河口の町だが、その長江下流域だけに限っても、さまざまな地方料理が存在していた。揚州《ようしゅう》料理、蘇州《そしゅう》料理、杭州《こうしゅう》料理、南京料理、無錫料理、湖南《こなん》料理……。中国全土で数え上げたらどれだけの地方料理があるかわからないくらいだ。

もちろん互いに似ていたり共通する部分もあるけれど、それぞれに個性があって特色があって、その地域だけの独特な調味料や香辛料があった。

『山王飯店』にいた頃は、先輩から「上海料理以外は食べなくていい」と言われたものだ。上海料理の基礎を叩き込むために、他の料理に惑わされないようにそう言ったのだろう。もうその言葉に従う必要はなかった。

それから時間を作っては、中国各地へ旅するようになった。四川省で朝天唐辛子《チョウテン》と出会ったのもこの時期だ。この存在感のある唐辛子は、後に僕の料理に欠かせない食材となる。中国各地で発達した個性豊かな地方料理が、僕にとっては探求しても探求し尽くすことのないインスピレーションとアイデアの源になった。

香港島の中心部、湾仔《わんし》の五つ星ホテル、グランドハイアット香港のワン・ハーバー・ロードで皿洗いをしたこともある。

一九九六年の暮れだ。

食在広州、食は広州にありという。広東料理を抜きにして、中国の食は語れないとさえいわれる。ワン・ハーバー・ロードはその広東料理の名店で、当時の香港で最も流行っているレストランだった。

皿洗いでも野菜の下ごしらえでも何でもやるからと頼み込んで厨房に入れてもらって、三ヶ月無給で働いた。

五つ星ホテルの高級チャイニーズが、どんな料理を作り、客をどうもてなすかを見ておきたかった。それから初心に戻って、広東料理を基礎から学ぶ覚悟だった。広東料理は僕には未知の料理だ。新しい料理のアイデアの宝庫に違いない。

得たものはたくさんあった。

流行りのXO醬は店で作るものだった。だから店によって、料理人によって調合が違う。オキアミやしじみや豆腐を発酵させた癖のある調味料を知り、牡蠣油や蝦油の上手い使い方を学んだ。

何よりの収穫は本物の上湯の取り方を完璧にマスターしたことだ。広東料理では上湯を使う。金華火腿《きんかかたい》、豚の脛《すね》、老鶏などの食材をじっくり時間をかけて炊いて取る旨味の強いスープだ。金華火腿は浙江《せっこう》省金華市で作られるハムの一種。濃厚で特徴のある旨味で知られている。老鶏は卵を産まなくなった鶏。奥行きのある深い味の出汁が取れる。上湯は旨味を何重にも重ねた芸術のようなスープなのだ。

この上湯を日本の出汁のようにあらゆる料理のベースに使う。たとえば魚を茹でるにしても、上湯で茹でる。魚の旨味に上湯の旨味が加わるわけだから、美味しさは何倍にもなるわけだ。

一方、上海料理は上湯を使わない。魚は水から茹でる。魚の旨味だけだから、美味しさは広東料理に劣るのかといえば、必ずしもそうとは言い切れない。上湯の強い旨味が魚の持つ微妙な旨味や香りを覆い隠してしまうからだ。魚が十分に新鮮で、魚本来の香りや旨味を料理に生かしたいときは、僕なら上海料理のやり方で水から炊く。

これは広東料理と上海料理のどちらが優れているという話ではない。魚の鮮度や種類によって、どんな料理を作りたいかによって、選択は変わる。逆に言えば、同じ料理を作るにしても、どちらの方法を使うかで料理の仕上がりは大きく変化する。広東料理の上湯を使いこなせるようになって、僕の料理の幅は広がった。

日本に帰ったら、都心で新しい店を始めることになっていた。

店の名は『トゥーランドット』。

中国の王女だ。実在した人物ではない。プッチーニのオペラに登場する、架空の絶世の美女の名だ。彼女は群がる求婚者に三つの謎をかけた。謎が解ければ求婚に応える、解けなければ首を刎《は》ねるという条件で……。

その話を聞くたびに首筋が寒くなった。なんだか身に覚えのあるような話だから。

最初の謎はこうだ。

「夜毎に生まれ、夜明けとともに消えるものは？」

成功することだけやってたんじゃ、人生は面白くならない。

中国料理店らしからぬ店名は、石鍋裕さんの方針にも合っていた。石鍋さんの店は『クイーン・アリス』。井上旭さんの『シェ・イノ』と並んで、あの時代の東京で最も有名なフランス料理店だ。いうまでもなく石鍋さんは、最もよく知られたフランス料理のシェフの一人だった。テレビ番組の初代「料理の鉄人」としても名を知られていた。

その石鍋さんから、一緒にやらないかと声をかけられたのだ。

石鍋さんが僕の『楼蘭』に客として時々来ていたのは知っていた。僕はその何年も前から『クイーン・アリス』に行って、石鍋さんのスペシャリテ「フォアグラ大根」の絶妙な取り合わせに感動したりしていたのだけれど、互いを同業者と察した者同士の挨拶以上の話をしたことはなかった。僕には雲の上の人で、ウチの店に来ていただけるだけでも正直言って天に昇るくらい嬉しかった。

その石鍋さんからある日連絡があって、出張料理はできないかと依頼された。他ならぬ石鍋さんの話だから一も二もなく引き受けた。食材を持参して個人宅に伺うと何かのパーティらしく客が何人かいた。料理を作って帰ったら、しばらくして石鍋さんから連絡があり、一緒にやらないかとお誘いを受けたというわけだ。

会合ではなく、僕の試験だった。

僕の『楼蘭』は相変わらず盛況だったし、立川にいても自分の作りたい料理が作れることがわかった。お客さんは向こうからやって来てくれる。お客さんだけでなく雑誌や新聞やテレビも頻繁に取材に来るようになった。僕の能力はここで十分以上に発揮できている。何も不足はなかった。

それでも、いろんな人にいろんなことを言われた。

「香港より立川に行く方が遠い」

なんて、ひどいことを言う人もいた。

「ここでこれだけ繁盛してるんだから、都心に店を出したらすごいことになる」

いろいろな方から誘いを受けた。

心を動かされそうになったこともないわけじゃない。

それでも立川に骨を埋める覚悟を決めて昭島に家まで買ったのだ。

『楼蘭』の売上はずっと右肩上がりで、馬場さんは毎年のようにひとつ希望をかなえてくれた。僕は料理人の数を増やすこと以外頼んだことはないのだけれど、馬場さんはいつも僕が頼んでいないことまでかなえてくれた。

僕の給料は上がり続け、三十代半ばのそのときには石鍋さんが驚くほどの額になっていた。僕を誘うにあたって、石鍋さんには切り札があった。

こう言うつもりだったが、後半の言葉は呑み込んだらしい。

「脇屋さんは今、いくら貰ってるんだい。ウチはその倍を出すよ」

僕の年収を聞いて、石鍋さんはすぐには信じなかった。

馬場さんは僕の最大の理解者で、僕にはリーセントパークホテルを辞める理由は何もなかった。ただひとつの思いを除けば。

トゥーランドット姫の謎じゃないけれど、それは夜毎生まれて僕の胸を焦がし、翌朝には綺麗さっぱり消えているもの——。

最初に働いたのが『山王飯店』でなければ、僕の人生はもう少し違ったものになっていたかもしれない。

十五の春、市場に引かれる仔牛のような気分で、おそるおそる見上げた賑やかな街の景色が、結局は僕の心に刷り込まれた。中国が第二の故郷であるなら、赤坂は僕の生まれ故郷と言うべきだろう。札幌でも大森でもなく、料理人としての僕はそこで生まれそこで育ち、そこが僕の約束の地となった。

あのきらめくような街で成功したい。

心の底に仕舞って忘れたつもりになっていたもの、トゥーランドット姫の第一の謎の答えが、石鍋さんの誘いで僕の心の中でふたたび騒ぎ始めた。

朝になっても消えなかったから、僕は心を決めた。

それは夢だ。

馬場さんとは何度も話して、最終的には僕の夢を理解してもらった。

一九九六年暮れに僕はリーセントパークホテルの総料理長を辞め、石鍋さんとの仕事が始まる前の数ヶ月間を香港で過ごすことにしたのだ。

『トゥーランドット』の最初の店は、東京の麻布に開業することになっていた。

そう、最初の店だ。石鍋さんには次の計画もあった。たぶん、その次の計画も。

自分が料理を作るのが前提だから、僕はあまり大きな店は望んでいなかった。

僕は小さな店がやりたいと言うと、石鍋さんは首を振った。

「脇屋さんは、自分が全部やるなら百パーセント成功できるでしょ。それはわかってるよね。でも絶対に成功することしかしなかったら、人生は面白くならないよ。自分がいなくてもできる店を作るのが大切なんだよね。世の中には、それができる人間とできない人間がいる」

自分がやれば成功する。そう言い切る石鍋さんの自信に、圧倒された。ただ、石鍋さんがそう言う意味はわかった。僕も密かにそう思っていたから。

あとの半分については自信がなかった。

料理人には二つのタイプがある。自分が料理を作らなきゃ気がすまない人と、他人に作らせることにも興味を見出せる人。指揮者タイプか作曲家タイプか、と言い換えてもいいかもしれない。一生そのタイプが変わらない人もいれば、年齢を重ねて少しずつ変わっていく人もいる。

そのときまで意識したことはなかったが、僕は自分が作らなきゃ気がすまないタイプなのだ。作曲するのは大好きだけど、作曲した曲は自分で演奏するものだと思っていた。自分じゃなきゃ演奏できないとさえ思っていた。少なくともこの頃までは。

石鍋さんは自身が天才的な料理人であると同時に、人に任せることができる人だった。だから僕に声をかけて『トゥーランドット』をプロデュースしたのだろう。

しかも石鍋さんは、僕にも自分と同じことをやるべきだと言う。

僕は最初料理長を頼まれたのだと思っていた。石鍋さんは僕に、誰もが驚くような新しい中国料理を作ることを期待しているのだと。

あの『クイーン・アリス』の石鍋さんがプロデュースするチャイニーズ・レストラン、その料理長として新しいことに挑戦するというだけで、僕の心の中で何かが燃え上がった。香港で皿洗いをしてでも新しい料理のアイデアを探した。

それは僕の夢だったから。

けれど石鍋さんが僕に用意していたのは、その先の道だった。

僕に用意されていたのは『トゥーランドット』の代表取締役社長兼総料理長のポストだった。一軒のレストランを繁盛させるだけではなく、その新しいレストランを事業として拡大していくことを石鍋さんは僕に求めていたのだ。

クマのように身体が大きいのに紳士的で温かみがあって、理知的に話す石鍋さんに僕はいつの間にか説得されていた。

今までレストランを事業として考えたことなどなかった。人を増やすのも、そのための人件費を考えるのも、すべて馬場さんがやってくれたけど、これからはそういうことも自分で考えなくちゃいけない。石鍋さんが言うように、それは自分に続く料理人を育てることにもつながる。

それに何よりも、面白そうだった。

麻布『トゥーランドット』の開業の翌年、一九九七年のことだ。横浜のみなとみらい地区にパンパシフィックホテル横浜が開業、僕は総料理長に就任し、ホテルのメインダイニング『トゥーランドット游仙境《ゆうせんきょう》』をオープンさせる。

オペラ劇場をイメージした豪華なインテリア、少量で皿数の多い驚きに満ちたコース料理、ヌーベル・シノワで話題のシェフ脇屋友詞……。

自分で言うのは気恥ずかしいが、これが大きな話題になった。

お客さんが来た……というよりも、押し寄せたといった方が実感に近い。オープンからかなりの間、女性客が九割以上というちょっと異常な状況が続いた。二百坪の店で席数は二百五十席、一ヶ月の売上は一億円を超えた。

翌年には『トゥーランドット游仙境』赤坂店をオープンする。この年の十一月にはパンパシフィックホテル横浜に当時の皇太子ご夫妻をお迎えすることになり、僕は夕食会の調理総責任者を拝命した。

その翌年、親父は八十三年の生涯を閉じる。

「友詞には食神がついている」という自分の言葉の顚末を見届けたということになるのだろうか。親父がどう思っていたかはわからない。

ゆく河の流れのように、料理人も変わり続けなきゃいけない。

人生という名の道は奇妙なことに、遠くからはきちんと一本の筋道を歩いているように見えるけれど、道を歩いている本人は迷いっ放しというか、どこが道だかさえもよくわかっていなかったりする。

僕が幸運だったのは、いつも「この道だよ」と教えてくれる人がいたことだ。

彼らがいたから僕はこの道を歩き続けることができた。

当時はまったくそうは思えなかったが、やはり親父がその最初の人だった。親父は僕の首根っこを押さえるようにして、僕をこの道に送り出した。

その道で出会った先輩や親方たち、それから馬場さんという懐の深い経営者。彼らとの出会いが、僕という料理人を作った。

石鍋さんも、そういう一人だった。

石鍋さんと出会わなかったら、きっと僕は経営というものを知らなかった。

それまでの僕は料理を作ることしか、自分を表現する方法を知らなかった。けれど店を経営することも、ひとつの自己表現であることを学んだ。

経営者として自分がまだまだ未熟なのはわかっていたが、何もかも自分でやるのは楽しかった。赤坂のアークヒルズにも『トゥーランドット』がオープンし、わずか四年で三店舗になった。どの店も夢みたいに上手くいっていた。新しい店をさらに二店舗作る計画も進んでいた。都心に店を出したらすごいことになる。昔誰かが言ったことが、図らずも証明されたわけだ。

石鍋さんは「自分がいなくてもできる店を作るのが大切だ」と言った。その通りだと思う。自分がいなくても厨房が上手く回ってくれるのは、世界中の料理長の夢に違いない。それができる人とできない人がいる、というのも間違いない。

自分で上手くやるよりも、誰か他の人に上手くやらせる方が難しい。だからこそその仕事にはやりがいがあるんだという、石鍋さんの言葉も説得力があった。

どんなに成功しようと、いつかは誰かに自分の仕事を手渡さなきゃいけないわけだから。自分の仕事に自信と愛があるならなおさらだ。何もかも自分がやってしまったら人は育たない。育たなければ、誰も自分の仕事を受け継ぐことはできない。自分がいなくても厨房が上手く回るようにすることも、料理長の重要な仕事なのだ。

理屈では完璧に納得していたが、結局のところ僕はまだ若かったのだと思う。僕がいなくても厨房が上手く回るように努力と工夫は重ねていた。僕の場合、矛盾するようだけど、そのためには厨房に目の届くところに僕がいなきゃいけなかった。

『トゥーランドット游仙境』は結局、四店舗まで増えたが、僕はいつもどこかの店にいた。三店舗は都内だからまだいいが、パンパシフィックホテル横浜は移動にどうしても四十分はかかるから時間のやりくりが大変だった。

行くときは抜き打ちで行く。僕が来るとわかっていたら意味がないからだ。突然店に行って、ゴミが落ちていないか、花が萎れていないか、時間はかけないけど、全体をさっと見るわけだ。そんな細かいことにまで目を光らせていたら、任せることにならないと言われそうだけど、神は細部に宿る。細かいところほど大切なのだ。床に落ちたひとつのゴミ、花瓶の萎れた花をお客さんが見たときに、どんな気持ちになるかを考えれば本来はすぐにわかることだ。

それから厨房の士気を見る。なるべく忙しい時間帯に行くようにして、疲れて集中力が落ちていたら容赦なく喝を喰らわす。「俺がやる。かわれ」と言って、僕が鍋を振る。それだけで厨房に気合が入る。客席に顔を見せることを別にすれば、僕がやっていたのは、ほとんどそういうことだ。

だけど、それが大切だと僕は思っている。草木に水をやるのと同じで、それができないと店は枯れ始める。だから店を増やすのはいいけれど、いつでも僕が顔を出せなきゃいけなかった。僕の手が隅々にまで行き届いていることは、お客さんの期待に応えることでもあったから。

石鍋さんが言っていたのは、僕がそこまでしなくても大丈夫なように、スタッフを育て店をしっかり作るということなのだと思う。

だけど、僕はそこまでやりたいとは思わなかった。

それが大切なことはわかっていたけれど、そうやってただ自分の店を増やしていくことには、どうしても興味が持てなかった。

僕はまだまだ自分で料理を作りたかったのだ。

毎日毎日、店を何軒もぐるぐる回って大変でしょうとよく言われたけれど、僕は少しも大変じゃなかった。大好きなのだ。自分の料理が完成したなんて思ってもいなかったし、この道がこの先どこに続いているかはわからなかったけれど、少なくともまだずっと先があることだけはわかっていた。その先が見たかった。

二〇〇一年には、赤坂の裏通りに『Wakiya 一笑美茶樓《いちえみちゃろう》』という新しい店を開業させた。元は料亭だった店を買い取ったのだが、ほんとうに目立たないわかりにくい場所にあるので、店というより隠れ家だと言われた。せっかく訪ねてくれたお客さんが、住所も伝えてあるのに、道に迷って辿り着けないような店だった。

わかりにくい場所にある上に、宣伝もしなかった。それこそ隠れ家のようにひっそりと営業を始めたから、すぐにはお客さんが入らなかった。

それが狙いだった。

この店は腰を据えてゆっくり育てるつもりだった。『トゥーランドット』とはコンセプトが真逆だったから。

『Wakiya 一笑美茶樓』のテーマは家常菜《ジャーチャンツァイ》。中国の日常の料理だ。

中国の人たちが食べている日々の料理。気取らない、ありふれた、けれど旬の食材を巧みに使った、季節感のある、身体にも優しくて、食べたら思わず笑みがこぼれるのが『Wakiya 一笑美茶樓』の料理。一日に一度はちょっと美味しいものを食べて、笑って、美しくなりましょうという意味を込めて一笑美茶樓とした。

『トゥーランドット』の四店舗は相変わらず賑わっていて忙しかったということもあるけれど、やはりそういうコンセプトであるからには、派手に宣伝をするのではなく、その良さを本当にわかってくださるお客さんの口伝えで、少しずつ世の中に浸透していった方がいい。

料理人は変わらなきゃいけないと思っている。それは立川で料理長になったときからずっと、心のどこかで思ってきたことだ。

たとえば自動販売機で売っている飲み物にしても。昔はコーラがあってファンタがあって何ジュースがあってという時代があったけれど、いつの間にかそういう甘い飲料が減って烏龍茶だの緑茶だのが目立つようになり、最近では水がいちばん売れているなんて話もある。ゆく河の流れは絶えずして、しかももとの水にあらず。世の中も人の好みも、変わり続けていくものなのだ。

だから料理人も変わっていかなきゃいけない。

できれば世の中が変わるよりも前に。

世の中が変わったと、みんなが思うようになってからでは遅い。

『Wakiya 一笑美茶樓』のコンセプトも、だからすぐに世の中に受け入れられるとは思っていなかった。時間はかかるだろうが、それでいい。今は種を蒔く時期だ。

そう思って始めたのだが、計算通りにはいかなかった。最初の半年こそお客さんは入らなかったが、半年を過ぎる頃から急激に増え始めた。一度来たお客さんは必ずといっていいくらい次回の予約を入れる、次回は誰かを連れて来る。その誰かがまた次の予約を入れる……、予約がどんどん入るようになった。

料亭は三階建てで二階、三階は和室の個室だった。すぐには流行らないと思っていたから、一階だけで営業していたのだが、翌年には二階を、その翌年には三階まで使えるようにした。改装はしたけれど、畳はそのまま生かした。料理人も四人で始めたのだが、十五人くらいまで増やすことになった。

赤坂の路地裏の中国家庭料理。世の中が受け入れるのはまだ先だと思っていたのだが、三年にして予約を取るのも大変な店になってしまったのは誤算だった。

ロバート・デ・ニーロさんが来るようになったのもその頃だった。

ニューヨークの栄光と撤退。

もちろん一人ではない。三、四回は来店したと思うが、いつも連れ合いは一緒だった。松久信幸《まつひさのぶゆき》さん、世界中に店を持つ『NOBU』のオーナーシェフだ。

彼らはプライベートジェットを飛ばして、日本まで僕の料理を食べに来た。

NOBUさんと最初に会ったのは、東京のホテルのチャリティディナーだった。二人とも料理を作るのに忙しくてあまり話す機会はなかったのだが、ＮＯＢＵさんがなぜか僕を気に入ってくれて、海外のイベントに誘ってくれるようになった。

店のスタッフを連れていけるだけ連れて、大挙してロサンゼルスのワインと食のフェスティバルに乗り込んだ。せっかくの誘いだったし、中国は今までにもスタッフを連れてあちこち行っていたのだけれど、アメリカは初めてだったから。

簡単に言うと、このフードフェスティバルに僕は魅了されてしまった。その規模といい、豪華さといい、集まる人の数といい。アメリカは何もかもが僕の想像を超えていた。それからはＮＯＢＵさんに誘われるまま、世界中のフードフェスティバルやチャリティにシェフとして参加して料理を作るようになった。ロサンゼルス、ニューヨーク、マイアミ、ミラノ、マドリード、イスラエル……。まあ、これは僕が祭り好きだからでもあるが。ＮＯＢＵさんは世界の広さを僕に教えてくれた。そして世界に出ることを応援してくれた。

もうひとつ僕にとっては大事なことがあった。

僕の前にいつも長い行列ができるのだ。

チャイナタウンは世界の津々浦々にある。世界中の人が中国料理をよく知っているし、中国にルーツを持つ華僑の料理人は世界中に進出して成功している。中国料理は世界の人にとって珍しい料理ではない。

僕の前にいつも長い列ができるのは、中国料理の列に並んでいるのではなくて、僕の料理に並んでいるのだ。世界各地の会場の噂になった。「日本から脇屋というすごい料理人が来ている。彼は誰も食べたことのないモダンチャイニーズを作る」と。

日本人である僕のフィルターを通した中国料理が受けていた。中国人ではないことに引け目を感じたこともあったけれど、中国料理の料理人にとって日本人であることはむしろ長所なのだ。

海外で自分の料理を作って、それがはっきりとわかった。

NOBUさんにその話をしたらニコリと笑った。

「脇屋さん、ニューヨークに来て挑戦してみたら?　すごいことになるよ」

夢のような話がNOBUさんのおかげで始まる。

二〇〇七年七月、かくしてニューヨーク市マンハッタンのグラマシー・パークホテルに『Wakiya Gramercy Park Hotel』がオープンする。

NOBUさんの熱心な勧めもあって、紆余曲折を経た後に、かくして……と一言でまとめるにはあまりに大きな紆余曲折を経てのことだけれど。

NOBUさんは世界二十五ヶ国五十数都市でレストランとホテルを経営する実業家であり現役の料理人でもある。ハリウッドスターのロバート・デ・ニーロさんが彼のビジネスパートナーで、共同経営者であることは有名な話だけど、話を進める過程で二人が何度も東京の僕の店まで来てくれたのにはさすがに驚いた。

ニューヨークの『Wakiya』には何度も、どころではなかった。ハリウッドの俳優仲間に映画関係者、世界的なスポーツ選手を連れて、毎晩のように来てくれた。『Wakiya』の名がニューヨークでは知られていないことを、NOBUさんもデ・ニーロさんも気遣ってくれたに違いない。宣伝効果は抜群だった。

グラマシー・パークホテルはマンハッタンのレキシントンアベニューにある。ワンフロア二百五十坪が僕の店で、二百三十席が連日満席になった。

自分の人生の絶頂はまだ先にあると密かに思ってはいるけれど、あの時期が僕の料理人人生のひとつの絶頂だったことは間違いない。店をオープンした日の夜中、熱を冷ますために一人でニューヨークの街を歩いた。祝いに駆けつけてくれた人たちの豪華な顔ぶれ、美しい顔、温かい言葉、笑い声、スタッフたちの嬉しそうな顔、そして数限りない料理への賛辞と歓迎の拍手が、頭の中で何度もリフレインした。

この喜びを伝えて感謝をしなきゃいけない人がいることを思い出した。

馬場さんだ。馬場さんがいなければ、今日のこの日はなかった。

リーセントパークホテルを辞めたことは、僕の心の奥に刺さった棘だった。

辞めることを決めるまでに、馬場さんとは何度も話をした。それまでと同じように馬場さんは最終的には僕の夢を理解して、快く送り出してくれた。僕が抜けたら困るに決まっているのに。先輩に僕のあとの料理長を頼み、厨房に腕のいいスタッフを残した。できる限りのことをしたつもりだけれど、それでも一緒に走り続けられなかったことを申し訳なく思っていた。

だから正直に言えば、電話をかけてもどんな反応が返ってくるか心配だった。世間的に言えば、僕は馬場さんの信頼と恩を裏切ったわけだから。

けれど、今日マンハッタンに僕の店が開業したこと、ニューヨークの名士たちが祝いに駆けつけてくれて盛大なオープニングパーティになったことを告げると、電話口の馬場さんは涙声になった。

「ええ？　ほんとなの。良かった、良かった。ほんとに良かった。おめでとう。あなたならきっと大丈夫だと思っていたわ」

母親を別にすれば、馬場さんは僕の最大の理解者だった。

五番街に近いあのあたりは夜が綺麗なのだけれど、あの晩は特に不思議なくらい美しかった。涙で滲んでいたからだ。馬場さんの涙がいつの間にか伝染していた。

厨房は二十五人体制。現地採用で二十人の料理人を雇用し、東京の僕の店から五人選んで常駐してもらった。僕はO－1ビザを取得した。一ヶ月の半分はニューヨークの『Wakiya』の厨房で、残りの半分を東京で五つの店を回るという生活を続けた。

ちなみにO－1ビザは、日本語で卓越能力者ビザというらしい。科学、芸術、教育、ビジネス、スポーツの分野で卓越した能力を持つ者に発給される。あるいは映画やテレビで卓越した業績を挙げた人に発給される。学者やスポーツ選手、映画俳優や芸能人がアメリカで仕事をするときに必要なビザだ。該当者の項目に料理人がないのが気になったけれど、僕が先例になればいいと思い直した。

ニューヨークと東京を毎月往復するのは苦にならなかった。十五歳の頃、僕が心に描いていた成功のイメージはまさにこういう生活だったから。

ところが、長くは続かなかった。『Wakiya』開業の翌年、二〇〇八年九月十五日にリーマン・ブラザーズ・ホールディングスが経営破綻する。いわゆるリーマンショックだ。ニューヨーク経済は直撃を受け、僕の店も客足が一気に落ちた。店を移転するなどの選択肢もあったが、結局は三年半で撤退することになった。

内幕を明かせば、僕はそれでももう少し続けたかった。開業のためにかなりの費用がかかったし、ニューヨークの人に知られ始めた『Wakiya』の名前をなんとか残したかった。けれどNOBUさんが募ってくれた他の共同出資者の考えは違った。

アメリカのビジネスは判断が早いのだ。僕がすべてを買い取るという方法が残っていたけれど、それをしたら僕はニューヨークに全力をそそがなきゃいけなくなる。日本の店とスタッフ、それから僕の店を大切に思ってくださっている方たちのことを考えるとそれはできなかった。

誰も寝てはいけない?

二〇二三年春。僕にとっては五十回目の桜が日枝神社に咲いた。半世紀という長い歳月、この道を歩き続けることができた。五十年前に買った『この道』の額は色褪せたけれど、今も僕の仕事部屋に貼ってある。

いろいろなことがあった。

実を言えば、リーマンショック後も懲りずにマンハッタンのレストラン激戦区、フラットアイアン地区に店を出した。結論を先に言ってしまうと、このときは二年で撤退した。詳しい話をすると……。いや、これくらいでやめておこう。

飲食業に限った話ではなく、ビジネスに浮沈はつきものだ。

詳しい話を始めてしまったら、あと一冊は本を書かなきゃいけなくなる。しかも浮沈は外国だけの話ではない。

ニューヨークの飲食業界で勝負するのが大変なのは周知のことだけど、この十数年の東京はもっと大変だった。二〇一一年、二〇一九年－二〇二二年。そう書くだけで同じ業界にいる人には十分に伝わるだろう。

しかも僕は二〇一一年のあの大震災の直前に、赤坂に大きな物件を購入する契約を結んでいた。

当時、僕は五つの店を経営していた。『Wakiya 一笑美茶樓』を筆頭にどの店も予約が取れないとお客さんに叱られるほど忙しくて、なんとかならないかと思っていた矢先、その大きな物件が赤坂で見つかった。手に入れれば、散らばっている店の大半を赤坂に集められる。十億円以上の物件で僕の身に余る買い物だったのだけれど、なんとかなるさといつもの調子で決断してしまったのだ。

二月に一億五千万円の手付金を入れた。

そして三月十一日を迎えた。

東京の夜は文字通り真っ暗になった。

計画停電が開始され、人は夜の街を出歩かなくなり、夜空には今までにないほど星が輝いた。東京の飲食業は壊滅するのではないかとまで言われた。

誰もが手付金は諦めろと言った。一億五千万円の借金ならなんとか返せるかもしれない。けれど諦めなかったら借金は十倍になる。誰も外食しなくなった今の東京でそんな借金を背負ったら、店を倒産させるしかなくなる。

理性ではその通りだと思ったし、勝算は何もなかったのだけれど、そういうとき僕はいつも常識と反対の道を選んでしまう。人に駄目だと言われると、俺なら大丈夫だと、何の根拠もなく思ってしまう。

このときもそうだった。僕はその物件を予定通り購入し、二〇一一年十月『トゥーランドット臥龍居《がりゆうきよ》』と『Wakiya 迎賓茶樓《げいひんちやろう》』を同時に開業する。

店のスタッフも家族も大変だったと思う。

僕はこの危機をトゥーランドットで乗り切った。

店の話ではない。プッチーニのオペラの話だ。

正確に言うならトゥーランドットの第三幕。

「誰も寝てはいけない」、だ。

『トゥーランドット臥龍居』は朝のお粥も、昼食も、それからディナーも、その後のバータイムも、早朝から夜明け前までアイドルタイムなしに営業することにした。

こういうことがあったから始めたことだけど、前からやれたらいいと思っていたことでもある。まず東京は朝食が食べられる店が少ない。ホテルの朝食は何千円もする。

千円代で美味しい朝粥が食べられたら喜ぶ人はたくさんいるに違いない。

ランチタイムの後、ディナーまでの間は閉めてしまう店が圧倒的だけど、そこで店を開けておいたら助かる人もたくさんいるはずだ。

夜更けの時間帯もしかりだ。ニューヨークならコンサートが終わった十時過ぎからシャンパンやワインを飲みながら、ファストフードではないちゃんとした美味しい食事が食べられる店がたくさんある。

『トゥーランドット臥龍居』をそのすべてを満たす店にした。つまり早朝の朝粥から夜更けの一杯まで、何時であろうと快くお客さんを迎える店にした。

十億円を超える借金が肩にのしかかっている以上そうするしかないと、僕はそう思ってしまうわけだ。断るまでもないけれど、同じ人間を二十四時間ぶっ続けで働かせようというのではない。借金返済の目処がつくまで、店をそういう体制にしようじゃないかという話だ。

「そんな店は東京に一軒もない。挑戦してみる価値あるよね」

元気のいい返事が返ってくると思ったのだがあてが外れた。

「えっ？」

というのがみんなの反応。もう一度言うけれど、労働法違反をしようというわけじゃない。ローテーションを組み、みんなで知恵を出し合い、この危機を乗り切ろうという話なのだ。

けれど、笛吹けど踊らずというやつだった。

乗り気じゃない人間が何をやっても上手くいかない。

仕方がないから、僕が頑張るしかなかった。夜中に店に入ってくれるバーテンダーを探してきて、カウンターには僕がサクラで座って……。

寝てなかったのは、僕だけだった。

朝粥もいいアイデアだと思ったのだけれど、これもパッとしなかった。

結局、半年でこの試みは終わった。

世界三大テノールのルチアーノ・パヴァロッティが歌った『誰も寝てはならぬ』のアルバムは、全世界で千二百万枚以上も売り上げたという。

パヴァロッティの歌は「誰も寝てはならぬ」という歌詞で始まり、最後は「夜明けに私は勝つ！　私は勝つ！」と連呼して終わる。

僕の耳には、パヴァロッティのあの迫力のある声が焼き付いている。

夜明けに私は勝つ。

とはいえ、こうして料理人人生五十周年を迎えることができた。

二〇一一年のあの時期を乗り切り、さらにあの時期が子ども騙しくらいにしか思えなくなったついこの間のパンデミックさえもなんとか乗り越えた。

夜明けに僕は勝ったのだ。

寝てなかったのは僕だけだったけど。

それが経営者と従業員の違いなのかもしれない。ここまで読んでくれた読者のみなさんも、そう思っているかもしれない。

自分のもののためだから人は死力を尽くせるのだと。従業員がそこまで頑張れないのは仕方がないじゃないかと。

けれど、僕は自信を持って言える。

違う、と。

少なくとも僕は違った。

ずっと死力を尽くしてきた。

不平たらたらで、いつも目の片隅で辞めるチャンスを探していた十五の春でさえ。
迷ったり、悩んだり、信じられなくなったりすることはある。
けれど、目の前の鍋だけは必死で磨いた。
その先に、道が続いていた。
目の前の仕事が、自分の仕事だと思えるかどうか。
この道をずっと歩いてきて思うのは、結局のところそれだけだった。
何かをなせるか、なせないかの差は。
才能の差でも、運の差でもない。
かなえたい夢がなくても、焦ることはない。
今自分の目の前にあることに、とりあえず必死で取り組んでみることだ。
それが心底自分のなすべき仕事だとわかったとき、人生は必ず変わる。
僕はそれを知っている。

銀座と窯の話。

最後に少しだけ先の話をしよう。

もうひとつ、とはいえ、という話だ。

僕が店にいる限り、ほんとうの意味で僕のかわりになる人が育たないのもわかるのだ。能力の問題ではなくて、それは組織の構造の問題なのだ。

女王蜂がいる限り、女王蜂は生まれない。

だから僕は、僕の場所を明け渡すことにした。

僕の始めたことを、次の世代に受け継いでもらうために。

とはいえ、だ。

僕の道はまだ終わりに行き着いたわけではない。

まだ先がある。

パンデミックの時期に思いついたことだ。

一年十二ヶ月のうち九ヶ月営業ができなくなって、僕は横浜の『トゥーランドット游仙境』を閉じる決断をした。
その日から、僕は銀座を歩き始めた。
何ヶ月も歩き続けて土地を探した。
ビルを建てるためだ。
そこに僕の新しい店を作ろうと思っている。
客席は八席。
僕が一人で、お客さんと向かい合う。
お客さんの目の前で僕が料理を作る。
中華鍋ではなく、窯を使う。
中華鍋に飽きたからではない。
窯は中国の人々が中華鍋を発明する何百年も前から使われてきた道具だ。
窯は中華鍋よりも素早く食材に火を入れられる。
一分もかからずに、窯の中の温度は四百度から五百度に達する。
窯を使えば、瞬時に火入は終わる。
火の料理と呼ばれる中国料理が、窯を使うことでどう変わるか。

肉や魚、貝や野菜が、どんな食感とどんな香りをまとうか。

火と煙が、あるいは炭や灰や水蒸気が、食材にどんな変化をもたらすか。

手探りの実験みたいなものだけれど、それが僕の次の仕事だ。

僕には確信がある。

僕が窯を使う限り、それは必ず中国料理になる。

誰も見たことも聞いたこともない、新しい中国料理になる。


ここまで書いて、思い出した顔がある。

『山王飯店』の陳総料理長の顔だ。

僕の店のフカヒレの煮込みは世界一美味しい。

僕がではなく、香港の美食家がそう言っている。

『料理の鉄人』という番組に出演していたとき審査員をしていた、蔡瀾《チャイラン》という香港の映画プロデューサーで美食家がいる。辛口の審査で有名で、「不味い」とか「食べられたもんじゃない」を平気で連発してスタジオの空気を凍らせた人だ。

その人が毎年一回、彼の香港の友人たちを連れて日本にグルメ旅行にやって来る。

僕の店に毎回予約を入れて、必ず注文するのがそのフカヒレの姿煮なのだ。

そして彼らは頭を抱え、美味しさに悶絶する。

悶絶するために日本にやって来ると言ってもいい。

彼らは紳士だから言わないけれど、こう思っているに違いない。

なぜ世界でいちばん美味しいフカヒレが日本にあるのだろう。

その答えが、つまり陳総料理長なのだ。

僕の人生最初の親方である『山王飯店』の盛料理長の親方であり、あの厨房で最も恐れられた人の味。

盛親方が教えてくれた陳総料理長のフカヒレの姿煮のレシピを、僕は忠実に守っている。

それがいちばん美味しいからだ。

ほんの少しだけアレンジしたところがある。陳総料理長のフカヒレは最後に残ったスープに花巻をつけて食べる。僕のフカヒレは土鍋で炊いたご飯を浸して食べる。それだけは僕のやり方のほうが絶対に美味しい。

そのためにスープの量を陳総料理長のレシピよりも多くしている。

それだけしか変えていない。その小さな変更点を付け加えられたことだけでも、僕は密かに名誉に感じている。

僕が思い出したのは、窯で北京ダックを六羽も焦がしたときの陳総料理長の顔だ。北京ダックは窯で二度焼いて完成させる。僕が任されたのは、その最初の下焼きが終わった時点で窯の火を止めるという、誰にでもできる単純な仕事だった。窯にタイマーがついていたら人間に任せる必要さえない。何十分後に窯の火を落としなさいという陳総料理長からの簡単な指示を、僕はすっかり忘れた。

下焼きの北京ダックを黒焦げにしたのだから、単に何十分後かに火を落とすのを忘れただけでなく、そのまま数十分か数時間か、窯の火をつけっ放しにしていたのだ。ずいぶん昔のことなので細部は忘れたが、窯の中の六羽の黒焦げの北京ダックを発見したときの陳総料理長の呆れ顔は今も脳裏に焼き付いている。

「あなたの脳みそは豚の脳みそだ」

この話は既に書いた。言うまでもないが、豚の脳みそは、お前は馬鹿だという意味の悪口だ。豚の脳みそはとても小さいのだ。

陳総料理長にとって、僕は最後まで豚の脳みその新入りだった。

残念ながらもうお目にかかることはできないけれど、今もそれだけは心残りだ。

僕の窯の料理を一度でも食べてもらいたかった。

○

親父は窯については、たぶん何も言わないと思う。

けれど銀座の五丁目に自分の息子がビルを建てて、そこに四店舗目の新しい店を開業すると知ったら目の玉をまん丸くして驚いたに違いない。

親父はずっと僕に「自分で店をやっちゃいけない」と言っていた。

「お前は店をやったら、絶対に失敗する。だから雇われていた方がいい」と。占いにそう出たらしい。

親父は自分の言葉を撤回するだろうか。

いや、僕の親父に限ってそれはない。

「絶対に失敗する」と言ったことなどけろっと忘れて、「やっぱり俺の言った通りだったろう」と鼻の穴を広げるに違いない。

「友詞には食神がついている。だから食の道に進め」

それがお前の運命だと、十代の僕にそう告げたことを、親父が忘れるはずはない。

親父の占いを信じたことはないけれど、その言葉が僕の心の片隅にずっとあったことだけは確かだ。どんなに苦しいときも、どれだけ迷ったときも。

悔しいけれど、認めざるを得ない。

親父の言葉は、僕の道標だった。

Column6

僕の好きな中国茶と思い出に残る中国料理の名人

中国茶

梨山《りざん》茶（青茶・台湾）

清らかで洗練された味わい。日本茶の味に近いが、飲むにつれて中国茶特有のコクが出て、鼻腔を抜ける感じが心地よい。

龍井《ロンジン》茶（緑茶・中国大陸）

緑茶だが日本茶のような渋みはない。正直に言うと、初めて飲んだときは味の印象が弱いと感じた。忘れたころに飲んで、そのさわやかな美味しさに驚いた。希少なため良いものが手に入ったときの喜びが大きい。

鳳凰単叢《ほうおうたんそう》（青茶・中国大陸）

最も好きなお茶。同じ青茶でも発酵度が高いため、よりフルーティで甘みが感じられる。茶樹ごとに香りが異なり、奥が深い。

普洱《プーアール》茶（黒茶・中国大陸）

後発酵で癖があるが、飲み慣れると虜に。何十年と熟成させたものは高価だが、手に入れたくなってしまう魅力がある。

中国料理の名人

台湾『欣葉（シンイエ）』の李秀英会長

『欣葉』は僕が30代から台湾を訪れるたびに通った老舗レストラン。創業者の李会長の作る家庭料理の奥深さに惹かれた。逆に僕の料理も評価され、料理の技術指導やメニュー提案を行うなど長く交流が続いている。

香港『欣圖軒（ヤントーヒン）』のLau Yiu Faiシェフ

ホテルのリブランドにより現在の店名は、麗晶軒（ライチンヒン）。香港で僕が最も愛するレストランのシェフ。何度も通ううちに、縁あって僕とのコラボレーションイベントが実現した。イベントは2010年の初回から香港と東京で計6回開催。伝統的な広東料理に新しいアイデアを盛り込んだモダンな料理はもちろん、シェフの誠実で優しい人柄も素晴らしい。

『山王飯店』陳浩栄総料理長

僕が最初に出会った上海料理の名人。陳老師と呼ばれていた。僕の直接の親方の盛福江さんの親方で『山王飯店』の総料理長だったから、見習いには遠い存在であまり話したことはなかったが、15歳の僕にとってはとにかく怖い人だった。料理の腕は超一流で、本文にも書いたが現在の僕の店のスペシャリテ「フカヒレの上海風煮込み」は、盛親方に習った陳老師の味つけをそのまま守っている。

エピローグ

料理人人生五十周年を機に、自分の半生をまとめてみたいと思ったのが、この本を作るきっかけだった。右も左もわからないまま、中国料理の世界に入り、そこで半世紀も生きてきた。今では感謝しかないけれど、この本にも書いた通り、最初は不平不満だらけだった。

それでも一所懸命鍋を洗い続けたら、見える景色が少しずつ変わっていった。その景色に気を取られているうちに、半世紀という長い歳月が過ぎていた。その長い歳月を、思い出すままに書いてみた。

思い出すままに書いたので、なかなか上手くまとまらなかった。

書き進むにつれて、親父のことを悪く書き過ぎてしまった気がしてきたが、後の祭りだ。子どもの頃、親父に反発していたのは事実だし、易だの占いだのを信じていないのはその通りなのだが、大人になってからはずいぶん相談相手になってもらった。

占いは信じる気になれなかったが、親父の言うことにはいつも一理あった。人生の岐路に立つたびに、親父に相談をしていたことをここに記しておく。親父のアドバイスはいつも的確で、僕の人生の道標になった。

お袋のことも、当初はもっと書くつもりでいた。お袋は料理上手だった。お袋の作ってくれた出汁の効いた味噌汁や、北海道の旬の食材で作ってくれた心のこもった料理が、僕の味覚と食への関心を育ててくれたことは間違いない。僕の作る料理がまがりなりにも美味しいと人から言われるのは、お袋のおかげだ。

親父とお袋がいなければ今の僕はない。親父が僕の背中を押してこの道へと進ませてくれた。そしてその道を僕がしっかり歩き出せるようになるまでお袋は辛抱強く見守ってくれた。

「三年、とにかく三年我慢しなさい、三年必死に頑張ってそれでも駄目だったら、何でも好きなことをしてもいいから」

あの三年のおかげで、母のあの言葉のおかげで五十年やってこられた。天国の親父とお袋には感謝の言葉しかない。

感謝の言葉しかないのは、僕の料理を美味しいと言って応援してくださるお客様、僕の先輩や親方たち、それから後輩、店のスタッフ、友人知人、取引先のみなさんに対しても同じことだ。心から感謝しているし、この本を書き始めたときには、これを機会にそういう方々から受けた恩の話をしたいと思っていたのだが、全員の話を一冊の本の中に織り込むなんて、僕にはとうてい無理だった。

僕の人生の物語を書くなら登場させなければいけない人を、登場させることができなかったことも、お詫びさせていただきたい。本に書かなかったからといって、感謝していないなどということはありません。誰のことかは書きませんが、心から感謝しています。ありがとうございました。

それから幻冬舎の見城徹さんにも、心からの感謝を。見城さんとの出会いがなければ僕のこの本は完成しませんでした。

そして最大の感謝を、この本を最後まで読んでくださったあなたへ。

最後までお読みくださって、ほんとうにありがとうございました。

みなさんの食卓に、いつも笑顔がありますように！

二〇二三年十二月吉日　脇屋友詞

参考文献

・『中国食探検　食の文化人類学』周 達生（平凡社）

・『中国名菜ものがたり』槇 浩史（鎌倉書房）

・『一衣帯水――中国料理伝来史』田中静一（柴田書店）

・『中国料理用語辞典』井上敬勝（日本経済新聞社）

・『随園食単』袁 枚（岩波文庫）

〈著者紹介〉
脇屋友詞(わきや・ゆうじ)　1958年北海道札幌市生まれ。中国料理シェフ。中学卒業後、赤坂「山王飯店」、自由が丘「桜蘭」、東京ヒルトンホテル／キャピトル東急ホテル「星ケ岡」等で修業を積み、27歳で「リーセントパークホテル」の中国料理部料理長、1992年に同ホテル総料理長になる。1996年、「トゥーランドット游仙境」代表取締役総料理長に就任。2001年、東京・赤坂に「Wakiya 一笑美茶樓」を、2023年12月に「Ginza 脇屋」をオープン。東京で4店舗のオーナーシェフを務める。2010年に「現代の名工」受賞。2014年、秋の叙勲にて黄綬褒章を受章。2023年に料理人人生50周年を迎えた。公益社団法人日本中国料理協会会長。

厨房の哲学者
2023年12月5日　第1刷発行
2023年12月25日　第3刷発行

著　者　脇屋友詞
発行人　見城 徹
編集人　菊地朱雅子
編集者　三宅花奈

GENTOSHA

発行所　株式会社 幻冬舎
〒151-0051 東京都渋谷区千駄ヶ谷4-9-7
電話：03(5411)6211(編集)
03(5411)6222(営業)
公式HP：https://www.gentosha.co.jp/

印刷・製本所　中央精版印刷株式会社

検印廃止

Printed in Japan
ISBN978-4-344-04210-0 C0095

この本に関するご意見・ご感想は、
下記アンケートフォームからお寄せください。
https://www.gentosha.co.jp/e/